LE SECRET DU *SECRET*

Infographie : Luisa da Silva

**Catalogage avant publication de Bibliothèque
et Archives nationales du Québec et de
Bibliothèque et Archives Canada**

Kelly, Karen
    Le Secret du Secret
    Traduction de : The Secret of *The Secret*
1. Byrne, Rhonda. Secret. ' 2. Succès – Aspect
psychologique.   3. New Thought.   I. Titre.

BF637.S8K4414 2007   158.1   C2007-941399-4

Gouvernement du Québec – Programme de crédit
d'impôt pour l'édition de livres – Gestion SODEC –
www.sodec.gouv.qc.ca

L'Éditeur bénéficie du soutien de la Société de
développement des entreprises culturelles du
Québec pour son programme d'édition.

Nous reconnaissons l'aide financière du gouvernement du Canada par l'entremise du Programme
d'aide au développement de l'industrie de l'édition
(PADIÉ) pour nos activités d'édition.

08-07

L'ouvrage original a été publié
par Thomas Dunne Books,
succursale de St. Martin's Press,
sous le titre The Secret of *The Secret*

Dépôt légal : 2007
Bibliothèque et Archives nationales du Québec

ISBN 978-2-89044-759-2

DISTRIBUTEURS EXCLUSIFS :

• Pour le Canada et les États-Unis :
MESSAGERIES ADP*
2315, rue de la Province
Longueuil, Québec J4G 1G4
Tél. : (450) 640-1237
Télécopieur : (450) 674-6237
* une division du Groupe Sogides inc.,
  filiale du Groupe Livre Quebecor Média inc.

• Pour la France et les autres pays :
INTERFORUM editis
Immeuble Paryseine, 3, Allée de la Seine
94854 Ivry CEDEX
Tél. : 33 (0) 4 49 59 11 56/91
Télécopieur : 33 (0) 1 49 59 11 33
Service commandes France Métropolitaine
Tél. : 33 (0) 2 38 32 71 00
Télécopieur : 33 (0) 2 38 32 71 28
Internet : www.interforum.fr
Service commandes Export – DOM-TOM
Télécopieur : 33 (0) 2 38 32 78 86
Internet : www.interforum.fr
Courriel : cdes-export@interforum.fr

• Pour la Suisse :
INTERFORUM editis SUISSE
Case postale 69 – CH 1701 Fribourg – Suisse
Tél. : 41 (0) 26 460 80 60
Télécopieur : 41 (0) 26 460 80 68
Internet : www.interforumsuisse.ch
Courriel : office@interforumsuisse.ch
Distributeur : OLF S.A.
ZI. 3, Corminboeuf
Case postale 1061 – CH 1701 Fribourg – Suisse
Commandes :   Tél. : 41 (0) 26 467 53 33
                   Télécopieur : 41 (0) 26 467 54 66
                   Internet : www.olf.ch
                   Courriel : information@olf.ch

• Pour la Belgique et le Luxembourg :
INTERFORUM editis BENELUX S.A.
Boulevard de l'Europe 117,
B-1301 Wavre – Belgique
Tél. : 32 (0) 10 42 03 20
Télécopieur : 32 (0) 10 41 20 24
Internet : www.interforum.be
Courriel : info@interforum.be

Pour en savoir davantage sur nos publications,
visitez notre site : **www.edhomme.com**
Autres sites à visiter : www.edjour.com
www.edtypo.com • www.edvlb.com
www.edhexagone.com • www.edutilis.com

Karen Kelly

LE SECRET DU *SECRET*

Traduit de l'américain par Jacques Vaillancourt

INTRODUCTION

Le Secret révélé

L e *Secret* a d'abord été un documentaire, réalisé par Rhonda Byrne, productrice pour la télévision australienne, documentaire qu'elle a fait suivre d'un livre du même titre. Je commencerai par vous révéler le Secret, pour le cas – peu probable – où vous n'en auriez pas déjà entendu parler : c'est la loi d'attraction, une idée née il y a longtemps, selon laquelle vous pourriez atteindre n'importe quel objectif, obtenir tout ce que vous voulez et avoir une santé parfaite en pensant positivement à tous ces avantages. Les semblables s'attirant, vous attirez vers vous des choses négatives si vous pensez de manière négative. Pensez positivement à ce que vous désirez, et vous l'attirerez vers vous. En réalité, le principe n'est pas aussi simple que cela, comme nous le verrons, mais restons-en pour l'instant à cette définition sommaire.

Le 2 mars 2007, l'éditeur (Atria Books/Beyond Words Publishing) annonçait la réimpression du *Secret* – ce qui n'avait rien d'étonnant pour un livre qui figurait sur la liste des best-sellers depuis plusieurs semaines. Par contre, le chiffre de tirage avait de quoi surprendre l'industrie : deux millions d'exemplaires ! Ce nouveau tirage a été le plus important de toute l'histoire de Simon & Schuster, distributeur du livre et propriétaire de la marque d'éditeur Atria. Et c'était certainement une première pour Beyond Words, la petite maison d'édition du livre. Cette réimpression portait à 3,75 millions d'exemplaires le tirage officiel du *Secret* aux États-Unis. Ajoutons que la version audio du livre ainsi que le DVD du film figurent également aux palmarès de vente. En outre, les droits du *Secret* ont été vendus dans 20 pays.

Sur Internet, faites une recherche Google sur *Le Secret*, et vous obtiendrez 264 000 000 résultats. Parmi ceux-ci, vous trouverez les sites Web de centaines de «coaches de vie», de gourous en spiritualité et de praticiens des médecines douces, dont beaucoup vont jusqu'à utiliser le type de caractères et le logo figurant sur l'emballage du livre et du film pour annoncer leurs séminaires et ateliers sur le Secret, et pour prodiguer leurs conseils. Les blogueurs dissertent à propos des messages du film et du livre. D'innombrables adeptes ou détracteurs de tous les coins du pays, sinon du monde, publient dans les forums du Web des témoignages attestant de la puissance du *Secret* ou des critiques à propos de ce qu'ils voient comme étant sa regrettable perspective matérialiste. Des journaux, des magazines et des émissions de télévision reconnus, du *Wall Street Journal* à *Newsweek,* et d'*Oprah* à *Larry King Live,* en passant par *Fox & Friends,* et même la sérieuse émission d'actualités *Nightline* ont parlé du livre ou y ont consacré des reportages. Le service de recherche documentaire en ligne LexisNexis nous apprend que plus de 150 articles (pour ou contre) ont été publiés sur le *Secret* dans les journaux et magazines depuis sa publication en novembre 2006. Le blogueur Russell Portwood a publié en ligne un exposé sur le *Secret,* exposé qui lui sert d'outil de marketing pour vendre ses propres produits de croissance personnelle (http://www.zwebber.com/thesecret/exposed.pdf).

De nombreuses maisons d'édition publient leurs propres ouvrages sur la loi d'attraction. Tout cela n'est que la pointe de l'iceberg. L'attention suscitée par le livre constitue un véritable phénomène d'envergure mondiale. Pourquoi toute cette effervescence ? C'est à cette question que j'ai voulu répondre avec le présent ouvrage.

Un phénomène qui agite à ce point la population ne peut être insignifiant, c'est certain. Dans mes cours de premier cycle en anthropologie, à la fin des années 1970, et dans mes cours de deuxième cycle en études cinématographiques, au début des années 1980, il était de mise d'analyser la culture populaire dans une perspective universitaire. J'ai appris à étudier l'apparition et la disparition de tendances, sans me sentir supérieure à ceux sur lesquels celles-ci s'exercent (je ne le suis pas, et vous non plus). C'est en examinant de plus près un phénomène singulier comme l'agitation entourant le *Secret* que nous pouvons mieux comprendre notre monde et mieux nous comprendre nous-mêmes. C'est ce qui m'est arrivé durant la préparation du présent ouvrage ; j'espère que vous aussi vivrez cette expérience en le lisant.

Par exemple, 20 ou 30 fois avant d'ouvrir ma penderie, je me répétais ce mantra : « Je pourrai remonter la fermeture éclair de ma jupe droite. » Est-ce vraiment grâce à cela que ma petite jupe Jil Sander, ridiculement étroite, me va désormais, ou serait-ce plutôt parce que je me suis fait transpirer sur le vélo elliptique du YMCA ? Quoi qu'il en soit, je n'oserais jamais enfiler cette jupe sans avoir fait au préalable quelques exercices de pensée positive, de crainte que mes cuisses ne fassent éclater les délicates coutures du vêtement.

Cette expérience avec ma jupe est l'une des raisons qui font que mon intention ici n'est pas de démythifier *Le Secret* ni de le discréditer. Elle n'est pas non plus de faire l'éloge du livre et d'inciter mes lecteurs à se lancer au plus tôt dans la visualisation des richesses que nous méritons tous assurément. Dans les deux camps qui s'opposent à propos du *Secret*, il y a des gens sensés et honnêtes, dont plusieurs nous feront part du fruit de leur réflexion. J'ai abordé mon enquête de manière sobre et respectueuse, mais – franchement – on ne peut s'interroger sur la fragile frontière qui sépare le réel du paranormal sans recourir à une certaine dose d'humour.

Grâce à mes recherches approfondies, j'ai pu expliquer pourquoi le *Secret* est devenu si populaire, trouver quelles en sont les lacunes, les caractéristiques et l'origine, et déterminer si les personnes dont Byrne prétend qu'elles ont vécu en recourant au « Secret » l'ont vraiment fait. Pour rendre mon argumentation plus digestible, j'ai divisé le présent ouvrage en trois parties.

Dans la première partie, j'analyse le phénomène du *Secret*.

Experts du monde de l'édition, observateurs de la vie culturelle et journalistes donnent leur avis sur les raisons pour lesquelles le livre, le film et le concept même du *Secret* ont touché la corde sensible du public, ainsi que sur le lien qu'aurait le phénomène avec le climat politique et social qui règne aux États-Unis. Un petit indice : c'est peut-être la faute de Bush... et peut-être pas.

Dans la deuxième partie de l'ouvrage, j'examine les bases historiques, scientifiques et théologiques qui, selon l'auteur, corroboreraient la réalité de la loi d'attraction, voire la prouveraient. Je me suis entretenue avec plusieurs des personnes, raisonnables et de bonne foi dont parle *Le Secret*, ainsi qu'avec des théologiens, des spécialistes de la physique quantique et du cerveau, des psychologues et d'autres universitaires ouverts d'esprit qui ne sont pas mentionnés dans le livre ni dans le film, mais qui ont eu le courage de consentir à une entrevue. D'autres spécialistes m'ont envoyée promener ou n'ont simplement pas répondu à ma demande (j'ai considéré leur silence comme un refus). J'ai été étonnée de constater combien de professeurs de culture populaire, d'études américaines ou d'études cinématographiques m'ont refusé une entrevue parce qu'ils n'avaient jamais entendu parler du *Secret*. Leur profession ne devrait-elle pas exiger d'eux qu'ils aient au minimum une vague idée de ce qui se passe dans leur domaine de spécialisation?

La troisième partie porte sur neuf personnages historiques qui, selon *Le Secret*, auraient appliqué la loi d'attraction – de Ludwig van Beethoven et William Shakespeare à Thomas Edison et Andrew Carnegie –, même s'ils ne la connaissaient pas vraiment, comme l'affirme Rhonda Byrne. («Ceux qui se sont enrichis ont fait appel au Secret, de manière consciente ou non», écrit-elle.) J'y passe en revue ce que l'on sait de ces personnes sur le plan de leur philosophie personnelle, de leurs croyances et de leurs convictions religieuses, afin de révéler comment la loi d'attraction a pu ou non jouer un rôle dans leur travail et dans leur vie. Certains seront étonnés d'apprendre que Beethoven, par exemple, gardait dans sa bibliothèque des livres qu'on pourrait assimiler à des guides sur la loi d'attraction. Le lien possible entre ces livres et la réussite du compositeur, c'est une autre histoire. Un homme qui se trouvait trop petit, au visage grêlé, jaloux de la famille royale, ne péchait sûrement pas par excès d'optimisme. En plus, il avait du génie.

Ma conclusion? Vous la trouverez à la fin du livre. Mais je vous donne tout de suite un indice, avec quelques citations de P. T. Barnum (qui n'est mentionné nulle part dans

Le Secret), mais ne craignez rien, sa plus célèbre n'y figure pas («à chaque minute naît un gogo») :

1. «Sans promotion, quelque chose de terrible se produit : rien.»
2. «Dans l'ensemble, plus de gens se trompent en ne croyant en rien qu'en croyant en trop de choses.»
3. «Ceux qui souhaitent vraiment atteindre l'indépendance financière n'ont qu'à la désirer vivement et à prendre les moyens nécessaires, comme ils le font pour tout ce qu'ils veulent accomplir, et qu'ils réalisent aisément.»

J'aime croire que Barnum, entrepreneur de spectacles et célèbre démystificateur, mais aussi grand maître dans l'art de gagner de l'argent, aurait apprécié le *Secret* pour deux raisons : sa capacité à séduire l'imaginaire du public américain et le principe qui le sous-tend : nulle chose ne vous est impossible si vous décidez de la réaliser, y compris gagner de l'argent. Après tout, Barnum n'a-t-il pas rédigé en 1880 un guide sur l'art de faire de l'argent, *Art of Money Getting* (téléchargement gratuit : http://www.deceptionary.com/ftp/PTBarnum.pdf)? Il est amusant de noter que la voie prescrite par Barnum reflète celle que semble avoir suivie Rhonda Byrne avec son *Secret*. C'est la grand-route et je vous y emmènerai.

PREMIÈRE PARTIE

Le Secret, pourquoi, et pourquoi maintenant?

L a voie suivie par *Le Secret* pour grimper dans les palmarès et rejoindre les consommateurs est à la fois traditionnelle et tout à fait contemporaine. Comme beaucoup de succès de librairie et d'écran, l'œuvre est superbement réalisée, présentée de manière attrayante et mise en marché avec doigté. Ce que le livre promet de procurer au lecteur a suscité un intense intérêt et de nombreuses ventes. La nouveauté, c'est que le livre s'est fait connaître grâce à la convergence de bases de données, du marketing en ligne, d'une publicité de bouche à oreille instantanée et d'une propagation de type «viral». Selon les experts du monde de l'édition, de la psychologie et de la science, un autre facteur a contribué à son succès : le moment était opportun.

En raison d'une conjoncture propice de forces sociales et économiques et d'un climat d'angoisse existentielle généralisé, nous étions au début de 2007 tout à fait réceptifs au *Secret.* Il faut dire aussi que nous cultivons depuis longtemps un enthousiasme et un optimisme débridés. Les Américains sont sans doute sur la planète le peuple qui nourrit le plus d'espoirs. Tout livre qui promet le bonheur permanent (sans nécessiter d'effort) ne peut être évalué indépendamment des ouvrages de croissance personnelle publiés auparavant, et il en existe une pléthore. Il faut se demander pourquoi ces livres continuent de se vendre si les conseils qu'ils prodiguent sont des foutaises. Je ne suis pas cynique au point de croire que c'est parce que nous sommes crédules. Il y a peut-être des vérités dans l'idée qui sous-tend *Le Secret.*

CHAPITRE 1

De l'Australie aux États-Unis : comment *Le Secret* s'est-il propagé ?

Il est trop tôt pour dire si *Le Secret* figurera ou non au palmarès des plus grands succès de librairie de l'histoire. La barre est haute : les derniers rangs du palmarès sont occupés par des livres qui se sont vendus à près de 30 millions d'exemplaires. Figurent au sommet de ce palmarès toutes sortes d'ouvrages, dont la Bible (de 50 à 60 milliards d'exemplaires), le *Petit livre rouge* de Mao Zedong (900 millions d'exemplaires, mais il jouissait d'un lectorat captif), *Harry Potter à l'école des sorciers* de J. K. Rowling (107 millions), et *Jonathan Livingston le goéland* de Richard Bach (40 millions)[1]. Pourtant, *Le Secret* est sur la bonne voie, avec des tirages de près de 4 millions d'exemplaires. Ceux à qui le monde de l'édition n'est pas familier ne comprennent pas toujours ce que l'on entend par un gros

---

1. Ces données sont tirées de wikipedia.com et de amazon.com.

tirage et ignorent que vendre 100 000 exemplaires – ne parlons pas du million – constitue une belle réussite. Pour la plupart des livres, c'est une chance quand les ventes atteignent les cinq chiffres.

« Les auteurs doivent faire face aux 200 000 livres publiés chaque année; il arrive que les éditeurs, estimant qu'il y a trop de livres cette année-là, en réduisent le nombre à 195 000 », explique Constance Sayre, l'une des directrices du cabinet d'experts en édition Market Partners International. Elle ajoute que les nouveaux auteurs pâtissent également du fait que les libraires indépendants « tombent comme des mouches, et que les ventes des chaînes de librairie fléchissent ». Le livre lui-même subit la concurrence des diverses formes de médias électroniques, ce qui fait dire à Sayre et à d'autres acteurs de l'industrie que c'est le DVD du film *Le Secret* qui fait toute la différence, parce qu'il est trop difficile d'attirer l'attention sur un livre. En fait, sans le film, il n'y aurait pas eu de livre, puisque celui-ci résulte de la popularité du DVD et de son contenu également (le livre est en grande partie une transcription des commentaires d'experts).

Le DVD et le livre ont tous deux suscité débats et plaintes (ce qui a aussi été le cas de la Bible et de Harry Potter), et l'histoire entourant le livre de Byrne, son marketing et les critiques et discussions qui s'ensuivent généralement font partie de ce que les professeurs d'études culturelles appellent sa « production » : plus longtemps on parle de quelque chose, plus longtemps cette chose existe. La genèse de l'ouvrage, presque devenue légendaire, recèle des leçons en matière d'édition, de marketing Internet, de culture de convergence, d'optimisme, de cynisme, d'inconscient collectif et de pensée magique.

Inspiration et origines

La loi d'attraction n'est pas nouvelle ; elle a porté de nombreux noms au fil des ans : pensée positive, psychologie, flux, foi, pouvoir de l'intention et loi de l'abondance. Elle a même un contraire : la loi de Murphy. Se pourrait-il que Rhonda Byrne se contente de réchauffer une ancienne théorie mille fois exploitée dans des livres et même des films ? Lorsque Allen Salkin, reporter au *New York Times*, lui a demandé si cette histoire de secret ne sentait pas un peu la supercherie, elle lui a répondu : « Non, pas du tout. Si vous songez à *The Master Key System*, c'étaient des connaissances qui coûtaient très cher et qui n'étaient accessibles que sur abonnement. » Byrne faisait référence à *Master Key System*, le programme de Charles Haanel réparti sur 24 semaines, publié initialement en 1912, et qui coûtait alors 1500 $ – coquette somme pour l'époque. Aujourd'hui, le livre se vend bon marché ; j'en ai même trouvé une version gratuite sur le Web. Byrne, semble-t-il, croyait, même si la loi d'attraction n'était pas nouvelle, faire œuvre de pionnier en en présentant les idées dans une forme facile à comprendre.

Selon le site Web officiel du film The Secret (www.thesecret. tv), la version de Byrne, d'abord présentée sous forme de DVD, serait née « un jour de printemps, vers la fin de 2004 ». Cela peut sembler contradictoire aux habitants de l'hémisphère Nord, où c'est en hiver que se termine l'année, mais Byrne habite l'Australie, dans l'hémisphère Sud. Ce jour-là, la quinquagénaire mère de deux enfants traversait la crise personnelle et financière qu'elle a plus tard racontée à l'émission d'Oprah Winfrey. Selon Byrne, Hayley, sa fille, lui a donné un exemplaire du guide de croissance personnel de Wallace D. Wattles, *La Science de l'enrichissement*, initialement publié en 1910 et encore en librairie aujourd'hui.

Dans son livre, Wattles explique les lois secrètes de l'univers, plus particulièrement la loi d'attraction, de la manière suivante : « Une pensée, dans cette substance, produit la chose qu'elle imagine. » Dans tout son livre, Wattles répète cette idée de diverses manières : « Il y a une substance pensante dont sont faites toutes les choses, substance qui, dans son état d'origine, imprègne et remplit les espaces vides de l'univers. Une pensée, dans cette substance, produit la chose qu'elle imagine. » Mais tout n'est pas si simple : « Il est facile de penser selon les apparences, écrit Wattles, mais penser selon la vérité est, en dépit des apparences, un travail laborieux, qui demande plus d'énergie que toute tâche humaine. »

Nous reviendrons à Wattles plus tard. Pour l'instant, contentons-nous de remarquer que ces citations reflètent sans l'ombre d'un doute la thèse du *Secret*, et ces similitudes laissent croire que Byrne a vraiment lu Wattles et a puisé dans ses idées. Cependant, la plupart des ouvrages consacrés à la loi d'attraction disent à peu près la même chose. Ainsi, on peut se demander si c'est ce seul livre de Wattles qui a incité Byrne à réaliser son documentaire. C'est là que l'histoire devient intéressante.

Allen Salkin, le reporter auteur d'un article sur *Le Secret* dans le *Times*, a affirmé que Byrne « connaissait bien » non seulement les autres ouvrages consacrés à la loi d'attraction, mais aussi un film à la thématique similaire, *What the Bleep Do We Know! ?*, documentaire sur la science de l'esprit et sur le pouvoir de la conscience réalisé en 2004 par William Arntz, Betsy Chasse et Mark Vicente. Salkin décrit *Le Secret* comme étant « une version Kmart diluée de *Bleep* ». Selon lui, « on peut croire que l'on voit un film similaire, mais *Bleep* a beaucoup plus à voir avec la science » qu'avec la spiritualité.

«*Bleep* est sorti en Australie bien avant que ne commence la réalisation du *Secret*», affirme Betsy Chasse, réalisatrice de *Bleep*, qui a interviewé l'un des producteurs du DVD *Le Secret* et lui a demandé s'il estimait que le film *Bleep* l'avait influencé. «Il a répondu oui et non; il est donc évident que notre film a influencé les réalisateurs. En outre, ajoute-t-elle, certains des spécialistes interviewés sont les mêmes.» On peut penser aux physiciens Fred Alan Wolf et à John Hagelin.

Selon la version officielle de la création du DVD, publiée sur le site Web du *Secret*, Byrne a examiné d'un peu plus près la loi d'attraction et découvert que des personnes «encore vivantes aujourd'hui» connaissaient bien le sujet et, en fait, écrivaient des livres, produisaient des documents audio et des DVD sur le sujet, organisaient des ateliers et donnaient des conférences aux États-Unis, au lieu de tout garder pour eux.

Percevant un créneau, Byrne a dit souhaiter rassembler tous les renseignements dans une œuvre unique facile d'accès – d'abord dans un film, médium qui lui était familier. Ce qui explique en partie le succès du DVD, c'est que Byrne est une productrice de télévision chevronnée. Le site Web du *Secret* contient des renseignements sur sa compagnie cinématographique australienne, Prime Time Productions, et une impressionnante liste d'émissions de télévision de type téléréalité ou documentaire qui ont été bien cotées, dont *The World's Greatest Commercials,* ainsi que ses éditions spéciales *Adults Only, Cannes, Funniest Commercials Ever Made* et *Sex Sells.* L'émission *Australia Behaving Badly* «explore la différence entre ce que les Australiens prétendent qu'ils feraient dans des situations faisant appel à leur conscience et ce qu'ils font vraiment face à la tentation». *OZ Encounters,* une émission spéciale d'une heure réalisée pour la télé australienne, présente des phénomènes inexpliqués vécus par des Australiens «ordinaires», qu'il s'agisse d'ovnis vus par des villages entiers ou d'enlèvements d'individus par des extraterrestres.

Puisqu'un bon nombre des praticiens de la loi d'attraction exercent aux États-Unis, Byrne s'y est rendue pour tourner des interviews avec plusieurs gourous de la croissance personnelle, un physicien et quelques métaphysiciens. «*Le Secret* est le premier film qui réunit 24 "enseignants" ayant chacun leurs adeptes», déclare John Gray, auteur du bestseller *Les hommes viennent de Mars, les femmes viennent de Vénus* et qui fait partie du film. Productrice de télévision chevronnée, Byrne sait comment plaire à un vaste public. «Ils disent tous la même chose d'une manière édifiante, ajoute Gray; avec un bel habillage graphique, cela fait beaucoup d'effet sur le public. Nous sommes une société qui privilégie le visuel. Nous regardons la télévision bien plus que nous ne lisons de livres. Rien ne retient longtemps notre attention. Elle a tenu compte de cela dans sa présentation.»

Parmi les experts recrutés par Byrne pour participer au DVD figuraient deux champions de longue date de la loi d'attraction, Jerry et Esther Hicks. Les Hicks sont aujourd'hui parmi les conférenciers les plus reconnus et les plus populaires en la matière – de véritables vedettes du mouvement métaphysique –; il est donc naturel que Byrne ait fait appel à eux. Le couple effectue des tournées de conférences et publie des ouvrages sur la loi d'attraction depuis la fin des années 1980. Ils affirment que leurs messages d'origine non humaine leur sont transmis par l'intermédiaire d'un esprit appelé Abraham, lequel s'exprime par la bouche d'Esther (ils n'utilisent pas le terme *channeling*). Leurs ouvrages, *The Law of Attraction*, publié par Hay House en septembre 2006, et *Ask & It is Given*, publié par Hay House en octobre 2005, leur ont tous deux été dictés par Abraham.

Les Hicks sont des auteurs extraordinairement prolifiques : au cours des 20 dernières années, ils ont produit plus de 600 livres, manuels d'instructions, cartes, calendriers, audiocassettes, CD et DVD. Byrne a sollicité la participation des Hicks à la première version du DVD. Ces derniers, dans une lettre envoyée à leurs amis et collègues à la fin de 2006 (accessible avec Google, « Jerry and Esther Hicks letter to friends »), se disent terriblement déçus de la manière dont leur contribution a été traitée. Ils avaient accepté de participer au DVD et signé un contrat avec Prime Time Productions, propriété de Byrne, en échange d'un petit pourcentage des profits nets et d'une part de 10 p. 100 des ventes directes du DVD. La « voix d'Abraham » a été utilisée pour la narration de la première version du DVD, mais ni Esther ni Jerry n'apparaissent sur l'écran.

Des fils emmêlés

La première version du DVD a été publiée en mars 2006. Quelque chose s'est passé entre les Hicks et Byrne, et Esther aurait exigé qu'on la retire du DVD, selon l'article publié par Allen Salkin dans le *Times* le 25 février 2007. Esther aurait été irritée par la manière dont son image avait été complètement écartée de l'écran. Byrne a alors remonté le film, y réintégrant les entrevues où l'on peut voir Esther Hicks.

Dans leur lettre à leurs amis, cependant, les Hicks affirment que le DVD révisé n'a pas été distribué de la manière promise initialement (télévision et ventes de DVD). Ils expliquent que Byrne leur a demandé que le contrat soit modifié afin de rendre possibles d'autres moyens de distribution. Byrne avait en fait planifié au départ de diffuser le film à la télévision, mais plusieurs sources m'ont révélé que, à cause de la télédiffusion des Jeux olympiques d'hiver de 2006, elle avait plutôt décidé de rendre le DVD accessible en ligne, au prix de 4,95 $ le téléchargement. Cela allait s'avérer génial sur le plan du marketing.

Les parties n'ont pas pu s'entendre, et Byrne a monté de nouveau le DVD, en en retirant complètement la voix et l'image d'Esther, ainsi que toute mention de sa contribution intellectuelle. Pour combler l'absence d'Esther Hicks, Byrne a recruté Lisa Nichols, coauteur de *Chicken Soup for the African-American Soul* (de la série de livres rendus célèbres par Jack Canfield, lui aussi participant du *Secret*), et Marci Shimoff, coauteur de *Bouillon de poulet pour l'âme de la femme*. (Cependant, sur la page des remerciements de son livre, Byrne mentionne les Hicks et la sagesse du groupe d'Abraham.)

Aucun des autres participants n'a été payé pour sa collaboration, mais tous ont certainement récolté les fruits de leur participation au DVD, comme je l'expliquerai plus loin. Selon le *Times*, les Hicks ont déclaré avoir touché environ 500 000 $ sur les ventes de la première version du DVD, mais rien sur celles du deuxième montage.

Dans leur lettre, le couple dit éprouver beaucoup de joie à regarder le film et estime que la loi d'attraction d'Abraham y est expliquée d'une manière limpide, qui la rend accessible au plus grand nombre. *Le Secret* présente en effet les éléments les plus simples de la loi d'attraction, et l'explication optimiste qui en est faite est l'un des aspects du livre que critiquent ceux qui en connaissent depuis longtemps les principes.

Kristine Pidkameny, rédactrice en chef du club du livre One Spirit© et spécialiste de la littérature métaphysique, fait une distinction entre *Le Secret* et l'œuvre des Hicks: «La différence, dit-elle, c'est que les Hicks produisent du pur contenu

– vous pouvez écouter ou regarder l'une de leurs conférences enregistrées plusieurs fois et en tirer quelque chose de nouveau à chaque visionnement. *Créateurs d'avant-garde: Demandez et vous recevrez, L'étonnant pouvoir de l'intention délibérée: Vivre l'art de permettre* et *La Loi d'attraction* sont des ouvrages accessibles, mais contiennent plusieurs couches d'information. *Le Secret* est plus lisse. La première fois que je l'ai regardé, j'ai dû garder l'esprit ouvert, m'interdire de penser que le film me rappelait autre chose et l'analyser avec clarté.»

Plusieurs sources m'ont confié que les Hicks étaient en fait bien moins magnanimes que ne le laisse supposer leur lettre. S'il est vrai qu'ils sont beaucoup plus irrités qu'ils ne le laissent paraître – et cela me semble crédible –, on ne peut les en blâmer. La dignité de leur retenue est admirable. Allen Salkin estime qu'ils sont ombrageux parce qu'ils se sentent peut-être floués par un autre auteur, Lynn Grabhorn, qui à leur avis aurait trop emprunté à leur œuvre sans reconnaître suffisamment leur apport. Grabhorn, d'abord publicitaire à New York, avait fondé une entreprise de formation audiovisuelle à Los Angeles avant de déménager dans l'État de Washington, où elle a dirigé une entreprise de courtage en prêts hypothécaires. Selon Allen Salkin, un séminaire des Hicks auquel elle a assisté durant les années 1990 l'aurait à ce point impressionnée qu'elle leur aurait demandé: «Cela vous dérangerait-il si je prenais ce matériel pour en faire un livre?» On ignore ce que les Hicks ont répondu, mais Grabhorn s'est sentie suffisamment confortée dans son projet pour écrire *Excusez-moi, mais votre vie vous attend: Le prodigieux pouvoir des sentiments*, qu'elle a d'abord publié à compte d'auteur à la fin des années 1990, puis vendu à une petite maison d'édition, Hampton Roads, qui l'a lancé en 1999. Elle a accouché par la suite de produits accessoires et d'ateliers, notamment de son célèbre *Life Course 101*. «[Grabhorn] a plagié les Hicks, et c'est pourquoi ceux-ci en ont voulu à Rhonda, explique Salkin. Ils ont l'impression que tout le monde profite d'eux.»

Grabhorn est décédée le 5 mai 2004. Tandis que, pour des raisons évidentes, son cours de vie 101 ne se donne plus, son site Web reste actif, et l'on peut toujours se procurer ses livres et autres produits. Puisque la loi d'attraction est un concept ancien, il appartient au domaine public, et tout un chacun peut s'en servir et l'interpréter à sa façon. Mais Grabhorn salue quand même les Hicks dans l'introduction de son livre. Elle y parle de la quête spirituelle qu'elle a entreprise afin d'enrichir sa vie. Elle y relate aussi ses rencontres avec des «professeurs émérites en physique» et son étude des «sciences ésotériques».

Ce qu'elle écrit ensuite permet de mieux comprendre pourquoi les Hicks, ou n'importe qui d'autre à leur place, ont pu se sentir vexés:

> Naturellement, étant versée en la matière, quand je me suis retrouvée devant de nouveaux enseignements provenant d'une famille profane, mon réflexe a été de tout balayer du revers de la main. La simplification à outrance de ce sujet fascinant tenait du sacrilège. À contrecœur, j'ai pourtant accepté de jeter un œil à cette facétie que m'avait remise un ami bien intentionné.

Après avoir fait enquête, Grabhorn s'est rendu compte que les propos des Hicks n'étaient pas dénués de substance et elle a pris une décision cruciale: «Dans mes propres mots et dans un style bien personnel, voici les enseignements fondamentaux de la famille Hicks du Texas* [...] Je propose ici, sans gêne, le produit fini à titre de chaînon manquant à l'existence de l'homme [...]» L'astérisque renvoie à une note de bas de page qui indique probablement l'adresse postale des Hicks : « *C. P. 690070, San Antonio, TX 78269». Les Hicks n'ont rien reçu de Grabhorn en échange de cette «proposition sans gêne». *Excuse Me, Your Life Is Now: Mastering the Law of Attraction*, écrit par un autre coach de vie, Doreen Banaszak, poursuit le travail de Lynn Grabhorn. Sur son site Web (http://www.lynngrabhorn.com/ messagefromlynn.htm), Grabhorn incite ses lecteurs à continuer d'enseigner et d'appliquer la loi d'attraction. Dans une lettre aux lecteurs (http://www.your-life-is-now.com/aboutlynnandi. html), Banaszak explique comment la maison d'édition Hampton Roads lui a demandé de poursuivre le travail de Grabhorn après le décès de celle-ci et reconnaît que le travail d'Abraham et des Hicks lui est familier. Malgré ceux qui ne se gênent pas pour leur «emprunter» leur travail et en tirer parti financièrement, les Hicks continuent de parcourir le pays en véhicule récréatif de luxe, pour dispenser leurs cours et élargir leur public de fidèles. «Les Hicks traversent une ville une ou deux fois l'an. Pour beaucoup de personnes, cette journée passée en compagnie de Jerry et d'Esther représente l'ensemble de leur pratique religieuse de l'année», raconte Salkin. Kristine Pidkameny, du One Spirit Club, dit que son club du livre propose le matériel des Hicks avec beaucoup de succès : «Ils sont très populaires auprès de nos membres. Je ne les ai jamais rencontrés en personne, mais je travaille avec des gens qui les connaissent. Tous sont impressionnés par leur esprit positif. Ils ne laissent vraiment rien ni personne de négatif perturber leur vie. Ils font ce qu'ils prêchent.»

Une fois que les Hicks ont eu mis un terme à leur relation avec Byrne, la productrice a pu commencer à mettre en marché la version actuelle du DVD sans aucun obstacle d'ordre contractuel.

Le miracle du marché

Le succès du DVD et, plus tard, du livre ne repose pas seulement sur la qualité du contenu et sur la fascination que celui-ci exerce. «Cela a été un beau coup de marketing, affirme Arielle Ford, directrice de The Ford Group, cabinet de relations publiques et de marketing spécialisé dans les domaines de la métaphysique et de la spiritualité. Il existe une myriade d'autres livres et films sur la loi d'attraction. Rhonda a abordé le sujet en productrice de télé qu'elle est, elle l'a rendu mystérieux et l'a positionné sur le marché comme un ouvrage qui détruit des mythes. L'engouement a lentement pris de l'ampleur.» La réussite de ces produits sur le marché tient autant à la manière dont le DVD a été offert au public et l'a rejoint qu'au design de l'emballage. «La manière dont Rhonda a présenté le tout donnait vraiment l'impression qu'il s'agissait d'un secret, explique Allen Salkin. Elle sait comment fabriquer une émission de télévision. Il y a beaucoup de fumée et de miroirs dans *Le Secret*.»

Selon le gourou du marketing des livres, John Kremer, auteur de *1001 Ways to Market Your Book*, *Le Secret* s'est trouvé un public d'une manière qui diffère de la plupart des livres sur la métaphysique et le nouvel âge: «Presque tous les best-sellers de la croissance personnelle, tous ceux qui ont figuré au palmarès du *New York Times* depuis 20 ans, y ont grimpé parce que l'auteur a fait d'innombrables tournées pour parler de son œuvre. Dans le cas du *Secret*, ce n'est pas ce que l'auteur a fait. Byrne a plutôt orchestré une campagne publicitaire de bouche à oreille pour le DVD, lequel a servi de tremplin au livre. Il ne fait aucun doute qu'elle n'a pas suivi la voie traditionnelle. »

Il est probable que la promotion du *Secret* deviendra un exemple classique de la manière d'aborder un sujet n'intéressant qu'un petit segment de marché pour le rendre appétissant pour le grand public. Une grande partie de la population trouvait inintéressant ou ne connaissait même pas ce que l'on appelait « nouvel âge » durant les années 1980 et que l'on qualifie plus volontiers aujourd'hui de métaphysique. La métaphysique est une recherche rationnelle légitime – l'étude de la nature des choses et leur interrelation –, mais les penseurs du nouvel âge se la sont appropriée à des fins beaucoup plus spirituelles. Il s'agit d'une catégorie fourre-tout qui englobe santé, médecine, philosophie, psychologie, multiculturalisme et croyances religieuses diverses.

Paul H. Ray et Sherry Ruth Anderson ont appelé ceux qui s'intéressaient ainsi à la métaphysique « créatifs culturels » dans leur célèbre ouvrage, *L'Émergence des créatifs culturels*, publié en 2001. Selon eux, 26 p. 100 de la population américaine tombe dans cette catégorie. Il s'agit de personnes extrêmement concernées par l'environnement, les relations, la justice sociale, la réalisation de soi, la créativité et la spiritualité. Gaiam, entreprise du Colorado, crée des produits et de l'information spécifiquement destinés aux créatifs culturels et au marché esprit-corps-âme. Elle a créé l'acronyme LOHAS pour désigner les consommateurs qui, dans leur mode de vie, privilégient la santé et la durabilité.

Ce public a constitué le premier marché ciblé par le DVD du *Secret*. Byrne jouissait d'un accès direct à cette clientèle par l'intermédiaire des bases de données appartenant aux personnes qui figurent dans le DVD. « Au fond, ce sont les gourous qui ont assuré le marketing du film auprès de leurs disciples respectifs», affirme Salkin. Dans des bulletins et courriels, certains participants au DVD comme Jack Canfield, Ben Johnson et John Demartini ont informé leurs disciples de leur présence dans le film. «Rhonda pouvait compter sur 24 maîtres, dont chacun disposait d'une tribune et d'une liste de disciples, et ces maîtres ont informé leurs disciples, lesquels en ont informé d'autres, et ainsi de suite», explique Arielle Ford.

Ces courriels ont suscité un intérêt instantané et, vu le prix modique du téléchargement, il ne manquerait pas d'abonnés qui regarderaient le DVD et en parleraient à leurs amis. C'est exactement de cette manière que j'ai entendu parler du *Secret*. Un ami de Los Angeles, par ailleurs tout à fait laïc et pragmatique, m'a dit que je devrais regarder le DVD en ligne, parce qu'il «donne l'impression que chacun de nous est maître de sa vie et que tout est possible». Je lui ai demandé comment il en avait appris l'existence. «Mon thérapeute m'en a parlé, m'a-t-il répondu, puis un ami du gym et ensuite quelqu'un des AA.» Que vous appeliez cela marketing viral ou bouche à oreille, la méthode reste efficace. Aucune publicité coûteuse n'est nécessaire.

Les réalisateurs qui travaillaient sur le même sujet ont également participé à la propagation de la nouvelle. La productrice du film *Bleep*, Betsy Chasse, décrit ses collègues comme les membres d'une fraternité qui perpétuent une longue tradition d'entraide, parce qu'ils sont tous investis de la même mission, celle d'éclairer et d'éduquer le monde. «Nous sommes tous décidés à nous soutenir les uns les autres, dit-elle, parce que nous avons tous emprunté la même voie. *The Celestine Prophecy, Conversations with God, Bleep* – à chacune de ces œuvres correspond un bulletin qui rejoint des centaines de milliers de gens, et dans ces bulletins nous parlons du travail de nos collègues. Ainsi, quand *Le Secret* est sorti, nous avons pensé qu'il s'agissait du travail d'une consœur et nous lui avons ouvert notre réseau, avant même que le film devienne connu. Je crois que cela a beaucoup contribué à faire connaître le film, mais ses producteurs refusent de le reconnaître. Nous avons publié un long article au sujet du *Secret* dans notre bulletin, comme l'ont fait beaucoup d'autres.»

Malheureusement, affirme Chasse, les producteurs du *Secret* ont refusé de rendre la pareille aux autres réalisateurs quand ils ont lancé leurs propres films sur le sujet. Selon elle, ils n'ont rien fait pour promouvoir *The Peaceful Warrior* (film de mars 2007 adapté du best-seller autobiographique de Dan Millman, *Way of the Peaceful Warrior*); rien non plus pour souligner la sortie sur DVD de *Down the Rabbit Hole* (suite cinématographique du film *Bleep* de Chasse). «Nous avons été étonnés, se souvient-elle. Ce [manque d'intérêt de la part des producteurs] nous a paru étrange.»

En fin de compte, les Hicks, ceux qui ont fait partie du film et ceux qui travaillent dans le même domaine ont tous profité de l'incroyable visibilité que *Le Secret* a donnée à la loi d'attraction et à la métaphysique. J'ai assisté à une conférence de 2 heures animée par John Demartini au centre EastWest Yoga de New York; lorsque celui-ci a demandé combien des personnes présentes étaient venues parce qu'elles l'avaient vu dans *Le Secret*, 90 p. 100 d'entre elles ont levé la main. Demartini reconnaît volontiers que le *Secret* lui a ouvert des portes. Conférencier déjà très populaire, il s'est ainsi fait connaître par un public que ses idées n'avaient pas encore rejoint.

Besty Chasse raconte qu'elle se trouvait dans une librairie de la côte nord-ouest des États-Unis, où elle habite, lorsqu'est entrée une jeune femme qui avait vu *Le Secret* : « Elle a demandé au libraire quelque chose de plus approfondi ; celui-ci lui a recommandé *Bleep*. Ce genre de choses arrive parfois, mais *Bleep* s'est toujours bien vendu. J'espère que les gens comprennent qu'il porte sur bien plus que l'enrichissement personnel. » Selon Chasse, lorsque ce film est sorti sur DVD en 2004, il a figuré parmi les 10 premiers titres du palmarès des ventes d'Amazon, et il y serait resté depuis parmi les 100 premiers. (La dernière fois que j'ai consulté le site d'Amazon, il occupait le 136e rang, ce qui est quand même excellent pour un petit film datant de plus de 4 ans !)

Les sites Web des experts qui ont participé au *Secret*, et même ceux des conférenciers et coaches de vie qui n'ont rien à voir avec ce film, se servent du *Secret* comme d'un concept accrocheur pour attirer les internautes qui cherchent un complément d'information. Des ouvrages reliés au *Secret*, dont celui que vous avez en main, ont été publiés ou vont l'être sous peu. Atria Books a lancé un livre et une vidéo d'accompagnement intitulés *Notes From the Universe*, préparés par Mike Dooley, qui apparaît dans *Le Secret* ; James Ray et Lisa Nichols, qui font partie eux aussi du film, sont en train de préparer des livres.

Il n'est bruit que de cela

Après que le DVD a eu atteint son public cible, la rumeur a commencé à s'intensifier, et les médias l'ont entendue. Par exemple, elle a capté l'attention de Wendy Walker Whitworth, productrice déléguée de *Larry King Live*, et le vétéran en matière d'infovariétés a présenté une discussion en deux parties sur le DVD et son message. La première partie, diffusée le 1ᵉʳ novembre 2006, réunissait des participants du DVD et des experts de la loi d'attraction, dont le coach de réussite Bob Proctor, le coach de vie John Assaraf, le conférencier en spiritualité John Demartini, le révérend Michael Beckwith, ainsi que la médium spirite JZ Knight (née Judith Darlene Hampton), née à Roswell, au Nouveau-Mexique, qui est le *channel* de Ramtha. Dans la seconde partie, en onde le 16 novembre 2006, on voyait le coach de réussite James Ray, l'auteur du célèbre *Bouillon de poulet pour l'âme* Jack Canfield, l'expert en marketing Joe Vitale, le psychologue George Pratt, ainsi que la thérapeute et travailleuse sociale Jayne Payne.

Un beau petit guide d'accompagnement, essentiellement une transcription du DVD enrichie de quelques éléments nouveaux fournis par Byrne, a été publié peu après, soit le 28 novembre 2006. Le petit format du livre et sa couverture de style ancien, décorée de la représentation en relief d'un sceau en cire, donnent l'impression que l'ouvrage renferme des renseignements spéciaux. Le 1ᵉʳ décembre, durant sa populaire émission d'infovariétés, Ellen DeGeneres diffusait un extrait du *Secret*, dans lequel on pouvait voir Bob Proctor et John Assaraf.

Les journalistes se sont emparés du phénomène, ce qui a suscité encore plus de débat, de curiosité et de bruit dans Internet, mais aussi beaucoup d'indignation, de jalousie et... d'humour. Aux États-Unis, le 27 janvier 2007, *The Wall Street Journal* a été le premier journal d'envergure nationale à en parler. La journaliste Camille Ricketts et ses collègues ont même inventé un mot pour décrire le type de DVD et autres médias créés pour édifier et inspirer leurs consomma-teurs : l'*enlightainment*, mot-valise formé de l'*enlightenment* qui éclaire l'esprit et de l'*entertainment* qui le divertit. « Nous nous sommes livrés à une petite séance de remue-méninges dans mon bureau, raconte-t-elle, et nous avons accouché de ce terme.» Après avoir effectué une recherche Internet avec Google pour s'assurer que le néologisme n'existait pas déjà, elle l'a intégré dans son article.

Ricketts était fascinée par l'idée de faire un reportage sur *Le Secret* : «J'ai abordé le sujet d'un point de vue personnel. J'ai vu le principe à l'œuvre toute ma vie. Ma mère m'avait fait parvenir *Le Secret* ; elle est depuis des années une adepte de cette forme de pensée. J'ai grandi en écoutant Williamson et Hay», explique-t-elle, en faisant référence premièrement à Marianne Williamson, la superstar de la spiritualité californienne des années 1990, aujourd'hui hôtesse de l'émission *Oprah & Friends* à la radio par satellite XM, et deuxièmement à Louise Hay, prolifique auteur spécialiste de la croissance personnelle et fondatrice de la maison d'édition Hay House. «Tout m'avait préparée à me lancer dans *Le Secret*, ajoute-t-elle. De plus, puisque le livre et le film trônaient tous deux au sommet du palmarès des ventes d'Amazon, il était logique que j'en parle.» Son article a été publié dans le *Wall Street Journal* du 27 janvier 2007.

Le 8 février 2007, Oprah Winfrey a consacré au livre une émission entière, et une autre la semaine suivante. L'effet Oprah a été décisif. «Il est difficile de dire si un livre tire parti de l'esprit de l'époque ou s'il le crée, dit Sara Nelson, éditrice du magazine spécialisé *Publisher's Weekly*. Dans le cas du *Secret*, je crois qu'une grande partie de son énorme succès est attribuable au fait qu'Oprah y a consacré deux émissions entières. C'est un coup de pouce publicitaire incomparable.» Selon Nelson, on ne peut prédire pendant combien de temps encore le livre continuera de se vendre, mais l'importance du nouveau tirage – deux millions d'exemplaires – laisse croire qu'il restera l'un des best-sellers de l'année 2007, du moins jusqu'à l'arrivée du nouveau Harry Potter. «N'oubliez pas, dit-elle, que *Le Chemin le moins fréquenté*, de M. Scott Peck, est resté de nombreuses années au palmarès des best-sellers.» Cet ouvrage de croissance personnelle a été publié en 1978, à l'aube de la génération du moi. Si Allen Salkin a voulu rédiger l'article qui allait être publié dans le *New York Times* du 25 février 2007, c'est, dit-il, parce que plusieurs de ses amis assistaient à des réunions sur la loi d'attraction : «On parlait de plus en plus du film. Une vague se formait et prenait de plus en plus d'ampleur ; c'était évident. Un journaliste cherche toujours à comprendre ce qui se passe et à savoir pourquoi les gens s'intéressent tant à telle ou telle idée. Rhonda a réussi avec brio à donner à son public le sentiment qu'il y avait dans son film quelque chose de mystérieux et de caché par les autorités constituées.»

Un article un peu moins flatteur sur *Le Secret* paraît dans le magazine *Newsweek* du 5 mars 2007, «Decoding the Secret», dans lequel Jerry Adler, rédacteur principal, s'attaque avec peu de sympathie à l'œuvre et à son message matérialiste. Et, le 5 mars 2007, Peter Berkinhead a publié dans le magazine en ligne *Salon* un essai particulièrement cinglant, «Oprah's Ugly Secret», dans lequel il reproche à la star de s'être faite la championne de ce qu'il considère comme un concept matérialiste et dangereux, qui rejette la faute sur la victime. À la défense d'Oprah, je dirai qu'il s'agit là, à mon avis, d'une réaction exagérée de la part de Berkinhead et d'une mauvaise lecture de la passion qu'éprouve l'animatrice pour *Le Secret*.

Masse critique

«Depuis la publication de l'article dans *The Wall Street Journal*, reconnaît Ricketts, beaucoup de journalistes ont mis en relief les faiblesses du *Secret*.» Les critiques fusent de toute part: des praticiens de longue date que désappointe la simplification exagérée du concept jusqu'aux sceptiques pour qui ce concept n'est que pure fantaisie, sans aucun fondement dans la réalité ni dans la science, et surtout pas dans la physique quantique comme le croient ses adeptes. «Je pense que les gens sont si abasourdis par le succès du *Secret* qu'ils essaient d'y trouver des failles, dit Ricketts. Mais j'estime qu'il a sa place dans le canon de la croissance personnelle. La réaction brutale qu'il provoque vient de ceux qui, indignés par le fait qu'il rapporte beaucoup d'argent, y voient une arnaque.»

Selon Ricketts, si *Le Secret* ouvre une porte donnant sur l'amélioration des relations et permet à d'autres voix, moins matérialistes, de se faire entendre, il peut avoir un effet extrêmement positif: «C'est avec l'appât de l'enrichissement que l'on attire un plus vaste public, mais même ceux qui s'y laissent prendre se font administrer une dose d'autre chose.»

«Rhonda a reformulé ce qu'elle a pu comprendre, mais je crois en fait qu'elle nuit à la loi d'attraction parce qu'elle s'est enlisée dans sa version rudimentaire, estime Arielle Ford. Par contre, on peut la remercier d'avoir fait connaître l'idée à tout un nouveau groupe.»

Selon Chasse, vu le formidable accueil qu'a connu *Le Secret* dès le départ, il se pourrait que Byrne n'ait pas été préparée pour l'inévitable déferlement de critiques qu'entraîne l'examen à la loupe de l'œuvre par les journalistes ou par d'autres, dont les auteurs envieux. Après tout, ses productions antérieures n'ont jamais rejoint un public aussi vaste et perspicace, aux opinions aussi bien arrêtées. Faisant allusion au fait que Byrne fuit désormais la presse et qu'elle a cessé d'accorder des entrevues, Chasse estime que Byrne a peur : «Nous avons eu notre baptême du feu dès le départ [lorsque *Bleep* a été lancé]. Mais nous savions à l'avance que nous allions essuyer de vives attaques et qu'il nous faudrait être à la hauteur. Nous savions que tout ce que nous dirions serait déformé. C'est pourquoi nous nous sommes préparés à répondre aux questions les plus épineuses.»

Dans le cas de Byrne, deux questions en particulier ont été posées à répétition. L'une concerne l'affirmation, faite dans son livre, selon laquelle les personnes obèses le sont parce qu'elles «pensent en obèses», et non pas à cause de ce qu'elles mangent. Selon Byrne, ceux qui veulent maigrir peuvent atteindre leur objectif en évitant de fréquenter des personnes obèses – en évitant même de les regarder – et en entretenant des pensées positives durant les repas. N'hésitez pas à savourer un hamburger et des frites si vous gardez l'esprit positif ! «Elle va trop loin en ce qui concerne le poids, dit John Gray. Cette idée suscite des critiques fondées. Lorsque les gens consomment des aliments qui sont mauvais pour eux, ils devraient sentir qu'ils se font du mal. Une version extrême de sa théorie sur la perte de poids serait de dire : "Tirez sur quelqu'un, mais ayez en même temps une pensée positive, et ce ne sera pas lui faire du mal." Ça ne va pas. C'est mal. Et ingurgiter des aliments mauvais pour votre santé, c'est vous faire du mal.»

Une autre des idées qui ont soulevé la colère de nombreux critiques, c'est celle voulant que l'être humain crée sa propre réalité et que, de ce fait même, il soit responsable de tout ce qui lui arrive, à partir de la maladie génétique jusqu'au génocide. On peut donc en déduire que les Juifs ont créé l'holocauste, et les Rwandais leur propre génocide. Au cours d'une entrevue, Byrne a commis l'erreur de laisser entendre que cette dernière inférence était vraie. Jerry Adler écrit dans *Newsweek* qu'elle a répondu à une question au sujet du génocide rwandais en affirmant que les gens qui vivent dans la peur et qui se sentent impuissants attirent sur eux inconsciemment et innocemment de telles horreurs. Ce n'est pas si simple, comme vous le voyez au chapitre 3.

Bon nombre de tenants de la loi d'attraction sont d'avis que le livre ne va pas assez loin et qu'il laisse de côté certains détails sur la manière de l'utiliser et sur les raisons de le faire. «Il n'y a rien de mal à vouloir concrétiser son rêve d'avoir une bicyclette», dit Laura Smith, directrice de la programmation de Lime Radio, qui fait partie d'une entreprise consacrée à la santé et au bien-être, en faisant référence à la scène du DVD dans laquelle un petit garçon reçoit une magnifique bicyclette rouge après l'avoir désirée ardemment. «Ce n'est pas simplement une question d'obtenir ce que l'on désire, et il ne faut certainement pas, par exemple, l'obtenir en l'enlevant à quelqu'un d'autre.»

Smith, comme tous les participants du DVD auxquels j'ai parlé, est pourtant heureuse que le message du *Secret* atteigne les gens et les incite à réfléchir à leur vie avec plus de profondeur. «Je suis contente que des gens qui ne croyaient peut-être plus que la vie est belle et qui, eux aussi, ont droit au bonheur aient trouvé *Le Secret*», affirme-t-elle, faisant écho à ce que m'ont dit beaucoup de ses collègues.

En outre, une pluie de critiques n'est pas nécessairement mauvaise pour le succès d'un livre. Le débat nourri entre tenants du pour et du contre, dont nous sommes témoins dans les journaux, dans d'autres livres (comme le mien) et dans Internet, est une caractéristique de plus en plus fréquente et recherchée dans la promotion des produits médiatiques. Les tenants du pour voient dans le débat quelque chose de positif, puisque désormais des gens pour qui l'idée mise de l'avant n'est pas familière en discutent. Quant aux détracteurs du livre, le débat leur donne l'occasion d'exprimer leur cynisme par rapport à tout le mouvement de la pensée nouvelle. Le débat est bon pour le commerce aussi. Il entretient les ventes des livres et des DVD. C'est ce que Henry Jenkins, professeur à l'Institut de technologie du Massachusetts (MIT), appelle « culture de convergence ». Jenkins, directeur du programme d'études comparatives des médias au MIT, écrit ceci dans *Convergence Culture* : « Du fait qu'il existe sur un sujet donné plus d'information que quiconque peut en stocker dans son cerveau, il existe pour nous un avantage supplémentaire à parler entre nous des médias que nous consommons. Cette conversation crée une rumeur qui est de plus en plus appréciée par l'industrie des médias. » Autrement dit, il ne peut pas y avoir de publicité négative !

Dans le cyberespace, des collectivités centrées sur *Le Secret*, en faveur ou contre celui-ci, ont été formées par des gens désireux de l'analyser, de partager leurs expériences sur le sujet et de faire la connaissance d'autres citoyens de la planète qui pensent comme eux. « Nous vivons dans une culture de consommation qui ne limite plus les gens à un rôle de consommateurs passifs, explique John Belton, professeur en études culturelles et cinématographiques à l'Université Rutgers. Nous n'avons pas seulement besoin de raconter une histoire ; nous avons besoin de son explication. Ce film constitue un tremplin qui permet à d'autres de raconter des histoires, parmi lesquelles celle qui explique pourquoi tel livre ou tel film en particulier est privilégié par rapport à d'autres. »

C'est ainsi que se perpétue le cycle des médias qui créent des gens qui créent des médias, et j'en fais partie moi aussi.

CHAPITRE 2

La culture de l'espoir

L'extraordinaire succès du *Secret* n'est pas simplement le résultat d'une excellente campagne publicitaire. Quelque chose – un livre, un DVD ou un mets surgelé – qui capte l'attention d'un vaste public pendant un certain temps contient nécessairement un ingrédient qui captive les gens. Bien entendu, il faut aussi que le moment du lancement soit opportun. La combinaison de six facteurs, présents à des degrés divers, a créé un tourbillon d'intérêt pour le DVD et pour le livre. Les cinq premiers pourraient servir de guide de marketing à quiconque souhaite toucher un vaste public avec un produit de croissance personnelle, tandis que le dernier ne concerne que les « croyants ».

1. Les Américains aspirent au bonheur.
2. Le moment est opportun.
3. Les baby-boomers cherchent à donner un nouveau sens à leur vie.
4. Une jeune génération, plus centrée sur elle-même, veut découvrir ce sens dès maintenant et rapidement.

5. La technologie a ouvert de nouvelles portes sur l'information.
6. Rhonda Byrne a appliqué la loi d'attraction pour manifester sa réussite.

L'espoir fait vivre... aux États-Unis du moins

Le Secret s'inscrit dans le mouvement du bonheur qui existe, sous une forme ou une autre, depuis la naissance des États-Unis. La vie, la liberté et la poursuite du bonheur – les Américains considèrent le bonheur comme un droit inné ; ils le recherchent comme ils peuvent et où ils peuvent. Dans un sondage du Pew Research Center, seulement 34 p. 100 des répondants ont dit se sentir « très heureux », la plupart (50 p. 100) se sentant « plutôt heureux » (ce qui signifie qu'ils pourraient l'être davantage), tandis que les autres se sont dits « pas tellement heureux ». Rien d'étonnant donc à ce que l'industrie de la croissance personnelle récolte annuellement quelque 9,5 milliards de dollars, selon Marketdata Enterprises, cabinet de recherche établi en Floride. Toujours selon ce cabinet, l'un des deux secteurs les plus prometteurs serait celui du coaching personnel, l'autre étant celui du publireportage.

Les thèmes de la rédemption et de l'amélioration de soi que met de l'avant *Le Secret* sont d'« intérêt universel », déclare Sara Nelson, du magazine *Publishers Weekly*. « C'est la puissance de la pensée positive écrite en grosses lettres et rendue facile, parce que, telle qu'elle est présentée, il n'est pas nécessaire de la pratiquer toute sa vie. Pratiquez-la pendant 20 minutes et obtenez une BMW. C'est la culture de la croissance personnelle dopée aux amphétamines. »

Les pilules sont également un moyen populaire d'atteindre le bonheur. Dans son numéro de janvier 2007, la revue spécialisée *Lawyers and Settlements* (dont le slogan «Imaginez-vous gagnant» semble conforme à l'esprit de la loi d'attraction) rapporte que le marché américain des antidépresseurs représente 66 p. 100 du marché mondial, tandis que le marché européen compte pour 23 p. 100, et le reste de la planète (surtout le Japon) 11 p. 100. Depuis le lancement de la catégorie de médicaments qui comprend le Prozac et le Paxil, durant les années 1980, le marché a explosé. Selon le magazine, les ventes d'antidépresseurs aux États-Unis, qui représentaient environ 240 millions de dollars en 1985, ont atteint 11,2 milliards de dollars entre septembre 2003 et août 2004.

Bien entendu, la pharmacologie ayant ses limites, nous sommes nombreux à emprunter d'autres voies pour être heureux. Le cours intitulé *Bonheur 101* est fort populaire dans les universités, notamment à Harvard, où le professeur Tal Ben-Shahar dispense «à guichets fermés» son cours qui porte entre autres sur la gratitude, la fixation d'objectifs, les relations, l'estime de soi, l'amour et le lien de l'esprit avec le corps. On dirait bien *Le Secret*! À l'Université de Pennsylvanie, Martin Seligman creuse le sujet du bonheur, développant la discipline qu'enseigne Ben-Shahar, appelée psychologie positive. Les recherches de Seligman indiquent qu'il est possible d'*apprendre* à se sentir plus satisfait, à être engagé plus à fond dans la vie, à dégager plus de sens de son quotidien, à espérer davantage et même à rire plus souvent, quelle que soit sa situation. (Nous reviendrons sur cet apprentissage au chapitre 3.)

John Suler, professeur à l'Université Rider, qui enseigne notamment la psychologie de la religion, fait remonter le mouvement de la psychologie positive à des gens comme

Norman Vincent Peale et à ses ouvrages *The Art of Living* (1937), *Confident Living* (1948) et *La puissance de la pensée positive* (1952).

Les pontifes du bonheur ont pourtant commencé à dispenser leurs conseils bien avant 1937. Même si l'histoire du mouvement de la croissance personnelle n'entre pas dans le cadre du présent ouvrage, on peut dire que trois grands courants de pensée, remontant aux XVIIIe et XIXe siècles, semblent avoir influé sur la bibliographie moderne de la croissance personnelle : l'amour altruiste, la modification du comportement en vue de la croissance personnelle et la pensée positive. Cette influence est perceptible dans bon nombre de bestsellers d'aujourd'hui, à partir des programmes en 12 étapes jusqu'aux ouvrages de Stephen R. Covey, *Les 7 habitudes de ceux qui réalisent tout ce qu'ils entreprennent* (1989), de Marianne Williamson, *Un retour à l'amour* (1996, basé sur les principes chrétiens énoncés dans *Un cours sur les miracles*) et du pasteur baptiste Rick Warren, *Être acteur de sa vie* (2002), en passant, bien entendu, par *Le Secret*.

Il y a des siècles, colons et pionniers trouvaient utile le schème d'une vie pauvre sur le plan matériel mais riche sur le plan de l'altruisme présenté dans le Nouveau Testament. Ils avaient ainsi le sentiment que leurs sacrifices valaient la peine d'être consentis, et leurs conditions abominables d'être endurées, puisque ces gens avaient une fin qui les dépassait, et que la récompense viendrait plus tard. En 1770, John Woolman, quaker surtout connu pour son inlassable lutte contre l'esclavage, a écrit un essai intitulé *Considerations on the True Harmony of Mankind, and How It Is to Be Maintained* (Réflexions sur l'harmonie véritable de l'humanité et sur la manière de la préserver). Dans sa perspective, la voie menant à la félicité passe par l'abnégation :

> J'ai vu comment l'envie d'acquérir la richesse et de mener une vie confortable s'est emparée de beaucoup d'hommes et constitue un piège qui attire leur progéniture; [...] lorsque les modes de vie tendent à l'oppression et à la recherche de la richesse, les gens font aux autres ce qu'eux-mêmes n'accepteraient pas qu'on leur fasse à eux, soit en exerçant sur eux un pouvoir absolu, soit en leur imposant des fardeaux inéquitables [...] Ainsi se rompt l'harmonie sociale, et apparaissent dans notre monde bouleversements et guerres.

À peu près au moment où le livre de Woolman était publié, Benjamin Franklin rédigeait son autobiographie, qu'il a terminée en 1788 (accessible gratuitement: www.earlyamerica.com/lives/franklin). Franklin préconisait un autre chemin menant vers le contentement, et c'est ce qui lui a valu le titre de père fondateur du mouvement de croissance personnelle aux États-Unis. Dans son autobiographie, il décrit les 13 vertus qui, bien maîtrisées, apportent à l'individu la joie à laquelle il aspire: tempérance, silence, ordre, détermination, frugalité, industrie, sincérité, justice, modération, propreté, tranquillité, chasteté et humilité.

Déterminé à transformer ces vertus en habitudes en les mettant délibérément en pratique, Franklin suivait l'évolution de ses progrès à l'aide d'une version xviie siècle du BlackBerry, un calendrier quotidien dans lequel il consignait chaque réussite et chaque échec. La frugalité et l'industrie, notait-il, l'affranchissaient des dettes, lui procuraient abondance et indépendance, et lui facilitaient la pratique de la sincérité et de la justice. C'est en forgeant qu'on devient forgeron, et l'argent fait le bonheur, même s'il ne rend pas intègre. Il est possible de dire que Franklin a appliqué la loi d'attraction quand il s'est doué de vertus en les souhaitant activement et en les pratiquant. En étant conscient des défauts qui s'opposent à ces qualités, cependant, il est possible qu'il ait pu les attirer aussi. Par exemple, les biographes de Franklin estiment qu'il lui a été difficile d'atteindre un état permanent d'humilité.

Franklin recourait aussi aux affirmations écrites pour promouvoir les vertus qu'il souhaitait tant perfectionner : « [Je suis] convaincu que la vérité, la sincérité et l'intégrité dans les relations humaines [sont] essentielles à la félicité ; et j'en fais des *résolutions écrites* afin de les pratiquer tant que je vivrai. » (Italiques de l'auteur.)

L'affirmation est un énoncé formulé de manière à reprogrammer l'esprit au moyen d'une pensée positive précise, d'ordre matériel ou spirituel. C'est un outil fondamental pour beaucoup de systèmes de croissance personnelle et de spiritualité, notamment pour la loi d'attraction. Les tenants de la loi d'attraction affirment qu'il est nécessaire que vous écriviez ce que vous souhaitez *comme si ce souhait était déjà réalisé* et que vous lisiez l'affirmation quotidiennement. (Cette technique est également liée à la thérapie cognitive, dont je traiterai au chapitre 3.) Parce que vous lisez l'affirmation chaque jour, elle se réalisera – ce qui vous rapprochera du bonheur réel. Dans *Le Secret*, « demandez, croyez et recevez » sont des étapes à franchir pour réaliser ses désirs ; l'idée a sa source dans la Bible (Byrne cite Matthieu 21,22 et Marc 11,24).

Et en ce jour-là, vous ne me ferez pas de demandes.
En vérité, en vérité, je vous dis que toutes les choses
que vous demanderez au Père en mon nom,
Il vous les donnera. Jusqu'à présent, vous n'avez
rien demandé en mon nom ; demandez, et vous recevrez,
afin que votre joie soit accomplie.
— JEAN 16,23–24

Et quoi que vous demandiez en mon nom,
je le ferai, afin que le Père soit glorifié
dans le Fils. Si vous demandez quelque chose
en mon nom, moi, je le ferai.
— JEAN 14,13–14

Si vous demeurez en moi, et que mes paroles
demeurent en vous, vous demanderez
ce que vous voudrez, et il vous sera fait.
— JEAN 15,7

La différence entre ce qu'écrivait Franklin et ce que pourrait écrire aujourd'hui un praticien de la loi d'attraction est affaire de contenu. Tandis que Franklin rédigeait des affirmations censées l'aider à acquérir honnêteté, éthique et diligence, les affirmations d'aujourd'hui ressembleront plutôt à celles-ci : « Je suis le président d'une grande entreprise » ou « Je possède tout l'argent dont j'ai besoin ».

Après Franklin, celui qui a exercé le plus d'influence sur le mouvement de la croissance personnelle et du bonheur est peut-être William James, frère du romancier Henry James. Je simplifierai radicalement son œuvre afin de mettre en relief les liens évidents qui unissent ses croyances à la tradition dont est issu *Le Secret*. Cependant, à ceux que le sujet intéresse, je conseillerai de consulter les ouvrages qui ont été écrits sur William James et par lui.

Pendant ses études, William James, médecin et professeur formé à Harvard, a été victime d'une dépression nerveuse, dont il a dit s'être rétabli grâce à ses croyances religieuses (il était chrétien). James a été un auteur prolifique, non pas de romans, mais d'ouvrages pour la plupart consacrés à la psychologie et à la religion. Il a mis 12 ans à écrire *Principes de psychologie*, ouvrage terminé en 1890 et longtemps considéré comme ayant fait école sur le sujet.

Dans *La volonté de croire* (1896) et *Les formes multiples de l'expérience religieuse* (1902), il s'intéresse aux motifs psychologiques qui font que les gens choisissent et acceptent des doctrines religieuses. Dans ce dernier ouvrage, James divise les croyances religieuses en deux catégories : celles des gens sains d'esprit et celles des âmes malades. Les croyants sains d'esprit sont des personnes optimistes, qui excluent délibérément le mal de leur conscience. *Ce sont des penseurs positifs.* (Cette remarque me rappelle le roman futuriste publié par Aldous Huxley en 1932, *Le meilleur des mondes*, dans lequel le personnage John, le sauvage, dit au contrôleur : « C'est bien vous. Vous vous débarrassez de tout désagrément plutôt que d'apprendre à vous y faire […] Vous abolissez les frondes et les arcs. C'est trop facile. ») Selon James, les âmes malades ne peuvent voir que le mal dans la vie, ce qui rend leur vie malheureuse. *Ce sont des penseurs négatifs.*

James écrit que les personnes qui se sentent vides et « incomplètes » (c'est-à-dire malheureuses) cherchent généralement des moyens de se rapprocher d'un idéal positif. Le travail destiné à améliorer l'individu est entravé par les efforts délibérés de celui-ci et, selon James, il est essentiel que l'individu s'abandonne à lui-même afin de poursuivre sa transformation. La solution religieuse à ce problème consisterait à se soumettre à la volonté de Dieu ou, dans le cas des chrétiens, de Jésus-Christ. Pour les Alcooliques anonymes, la solution se trouve dans les étapes 2 et 3 du programme :

2. Nous en sommes venus à croire qu'une puissance supérieure à nous-mêmes pouvait nous rendre la raison.

3. Nous avons décidé de confier notre volonté et notre vie aux soins de Dieu tel que nous le concevions.

Le Secret met de l'avant des idées analogues, mais laisse entendre que la puissance qui est plus forte que nous (que notre ego, en fait) est notre esprit. Le livre propose une solution davantage axée sur l'intérieur : chassez les pensées négatives et remplacez-les par des pensées positives.

James s'est également intéressé aux réalités doubles et à la noétique, laquelle a pour objet le monde de l'esprit. Il a réalisé des expériences avec le chloral, un sédatif, ainsi qu'avec le nitrite d'amyle et le protoxyde d'azote, dans le but d'atteindre des «états mystiques». Se demandant si le moi subconscient ne constituerait pas une ouverture débouchant sur un domaine surnaturel, James a défini ce domaine comme étant la puissance ou l'énergie que beaucoup de gens peuvent plus facilement saisir comme étant Dieu. De même, le fondement idéologique de la pensée métaphysique, notamment celle qui est exprimée dans *Le Secret*, c'est le sentiment que notre conscient (et, dans certains cas, notre inconscient) crée notre réalité.

Les temps changent

Outre notre tendance à chercher de l'information susceptible
de renforcer la conscience de notre propre valeur, bon nombre
des personnes que j'ai interrogées estiment que l'acceptation
du message transmis par *Le Secret* est un phénomène culturel qui mijotait depuis quelque temps. Une guerre impopu-
laire et le sentiment selon lequel l'économie serait en
difficulté ont créé un climat qui incite les gens à chercher des
solutions de rechange au malaise que leur inspire le monde.
« Les gens veulent une solution ; ils ont l'impression de ne pas
vivre la vie qu'ils souhaitent et de ne pas en être les maîtres.
Ce mécontentement peut laisser perplexe, puisque nous nous
portons bien, statistiquement parlant », explique Kristine
Pidkameny, du club du livre One Spirit. C'est pourquoi lorsqu'une solution apparaît, elle fait mouche.

John Suler, professeur à l'Université Rider, propose une
explication à ce sujet : « [Les idées] ont tendance à répondre à
des cycles d'équilibre dans le monde, y compris dans la culture et dans le psychisme humain. Quand tout va mal et
semble négatif, l'idée de la pensée positive ressurgit. Nos
médias semblent se repaître de catastrophes et de scandales ;
la pensée positive de masse pourrait bien constituer un antidote à cela. »

« Ce qui se passe dans notre culture en ce moment, et qui
m'intéresse, c'est que nous nous rendons compte que nous
vivons dans un monde de pacotille », explique Fred Alan
Wolf, physicien, qui apparaît dans *Le Secret* et dans *Bleep*, en
faisant référence à la chanson de Malvina Reynolds, *Little
Boxes*, qui dit que tout le monde vit dans la même maison de
pacotille, porte les mêmes vêtements et consomme les
mêmes aliments (paroles : ingeb.org/songs/littlebo.html).

«Réussir, aux États-Unis, c'est arriver à être comme tout le monde, poursuit Wolf, mais pour beaucoup cela ne suffit pas. Ils se demandent ce qu'est vraiment la réussite, et comment on peut vraiment dire qu'on a réussi. Notre manière de travailler nous rendant de plus en plus dépressifs, nous nous posons une question : y a-t-il plus à attendre de la vie ? Il y a dans le film *Scarface* une très belle scène qui illustre cette interrogation. Dans sa somptueuse maison, Al Pacino, en train de se relaxer dans sa baignoire remplie de bulles, jette un regard panoramique autour de lui et se demande : "C'est tout?"»

Selon Wolf, quoi que certains puissent en penser, les Américains ont plus de discernement qu'avant et sont moins enclins à gober tout ce que les autorités leur disent. «Il y a 50 ans, dit-il, lorsque notre président prenait la parole et affirmait A, B et C, nous le croyions. Aujourd'hui, lorsqu'un homme politique fait de même, il nous arrive de penser que la réalité est plutôt X, Y et Z.» Cette méfiance et cette curiosité d'esprit qui nous poussent à mettre en doute la parole de nos dirigeants nous incitent également à nous interroger sur le sens de la vie et à remettre en question les explications scientifiques conventionnelles. «Il y aura toujours des êtres primaires – membres de la droite religieuse et de la gauche extrême qui parcourent la planète avec les athées», ajoute Wolf. Mais la plupart des gens se tiennent près du centre, et les explications toutes prêtes ne les satisfont plus. Aucune théorie ne satisfait les besoins de la majorité. En fait, *Le Secret* figure sur la liste des best-sellers aux côtés de *The God Delusion,* dans lequel Richard Dawkins s'efforce de prouver non pas que Dieu est mort, mais qu'il n'a jamais existé.

Sara Nelson, du magazine *Publishers Weekly,* est elle aussi d'avis que le ton religieux du *Secret* attire un certain segment du lectorat contemporain, toujours à la recherche de sens et d'un message. «Le livre arrive dans le sillage d'*Être acteur de sa vie*», dit-elle, faisant référence au succès de librairie de Rick Warren, le pasteur baptiste fondateur de l'énorme église Saddleback, dans le sud de la Californie. Mais *Le Secret* n'est pas l'œuvre d'un pasteur célèbre qui vous dicte la manière de mener votre vie. «Ce n'est pas un ouvrage d'évangélisation, ajoute Nelson; ce sont des gens ordinaires qui vous expliquent comment [créer une foi] vous-même, et vous l'approprier.» Selon elle, c'est une tendance qui s'inscrira dans la longue lignée des ouvrages qui nous expliquent comment devenir meilleurs et mieux réussir. «Ce qui est à la mode aujourd'hui dans ce mouvement, dit-elle, c'est son côté "DIY" [*do-it-yourself*, littéralement fais-le toi-même, c'est-à-dire responsabilise-toi et agis].»

John Demartini, conférencier en spiritualité et coach, qui travaille souvent auprès de malades hospitalisés et avec des professionnels de la santé, voit cette idée apparaître également dans le système de soins de santé : «Les gens sont ouverts à l'idée d'assumer une certaine responsabilité pour leur propre bien-être et pour leur santé. Ils sont réceptifs à l'idée de prendre leur vie en main.»

Arielle Ford, spécialiste du marketing dans le domaine de la métaphysique, abonde dans le même sens : «Songez-y. Croire que l'on maîtrise sa vie, que l'on peut avoir une intention et s'ouvrir à celle-ci pour la mettre en œuvre, voilà qui donne un sentiment de puissance [dans un monde imprévisible]. Pour nous, du monde de la pensée nouvelle, cela n'est pas neuf, mais ce l'est pour bien des gens; ils se disent : "Oh! Regarde ce que tous ces gens célèbres ont fait! C'est étonnant."» La question qui s'ensuit naturellement, c'est : Pourquoi pas moi?

Boom!

Les baby-boomers sont en grande partie à l'origine de la récente ferveur manifestée envers la sagesse de type DIY, surtout les femmes. Les choses changent pour ces femmes, et elles ont besoin d'aide pour imaginer comment infuser sens et joie dans les 30 ou 40 années qu'il leur reste à vivre. Kristine Pidkameny, du club du livre One Spirit, affirme que son principal public, celui qui a embrassé *Le Secret*, est «principalement composé de femmes baby-boomers, qui sont attirées par les produits [de One Spirit] au mitan de leur vie; c'est une transition de contemplation, et bon nombre de nos livres traitent des enjeux de la cinquantaine et les aident à vivre ce passage.»

Dans un communiqué de presse, John LaRosa, directeur de la recherche chez Marketdata, a constaté que la demande est là pour les produits et programmes destinés à aider les Américains, surtout les femmes riches dans la cinquantaine, à gagner plus d'argent, à perdre du poids, à améliorer leurs relations humaines et leurs techniques d'affaires, à faire face au stress ou à obtenir une dose minute de motivation – tout ce que la connaissance et la pratique du Secret promettent de procurer.

Moi-même baby-boomer, je comprends l'attrait que peut avoir un système qui aide à créer des deuxièmes chances et à se réinventer. Beaucoup d'entre nous qui ont atteint la quarantaine et la cinquantaine ne trouvent pas du tout réjouissante l'idée de travailler dans le même bureau jusqu'à la retraite. Pourtant, la plupart d'entre nous travailleront au-delà de 65 ans, autant par goût que par nécessité. Une étude complète sur l'évolution des habitudes des femmes baby-boomers, *Baby Boomer Women: Secure Futures or Not?*, a été réalisée au printemps 2007 sous la houlette de Paul Hodge, directeur du Harvard Generations Policy Program et moniteur de recherche à l'École de gouvernement John F. Kennedy. Selon cette étude, les femmes souhaitent rester productives dans la soixantaine et par la suite, parce que la perspective d'une trentaine d'années de vacances ne leur sourit guère. En outre, elles auront besoin d'argent. Pour la plupart d'entre elles, les fonds accumulés dans un régime de retraite sont insuffisants. Tout ce qui est susceptible d'améliorer la seconde partie de notre vie personnelle ou professionnelle présente beaucoup d'attrait.

La recherche de Marketdata fait également ressortir une tendance croissante, celle des baby-boomers qui recourent à l'aide de «gourous» plutôt qu'à – ou en plus de – celle, plus traditionnelle, des thérapeutes et conseillers en affaires. Selon LaRosa, cet engouement a permis à une poignée de célébrités de la croissance personnelle – Tony Robbins, Deepak Chopra et Suze Orman, par exemple – de se servir de leur nom pour construire des empires multimédias et multiplateformes. Nous pouvons désormais ajouter à cette liste le nom de Rhonda Byrne.

Génération Z

Il semble que *Le Secret* ait gagné un autre public, moins évident, celui des jeunes, dont des hommes, qu'attirent la dimension matérialiste du livre et la promesse du DVD. Arielle Ford a été étonnée de voir un si grand nombre de jeunes hommes en complet assister à une réunion gratuite organisée par James Ray, coach de vie qui fait partie des experts du *Secret*. «Il est rare de voir ces gens-là dans des réunions de ce genre, explique-t-elle, pourtant la salle en était bondée. J'ai donc demandé à quelques-uns d'entre eux ce qu'ils faisaient là. Ils avaient vu *Le Secret* et voulaient en savoir davantage. Dans un sens, il est très avantageux pour ceux qui acceptent de passer aux étapes suivantes de se renseigner ou d'assister à un atelier, mais c'est la possibilité de gagner plus d'argent qui avait motivé la présence de ce groupe-là.»

Betsy Chasse, coproductrice de *Bleep*, dit que la vente sur son site Web du livre de Wallace Wattles, *La Science de l'enrichissement*, a connu un pic spectaculaire après le succès du *Secret*. «Notre magasin est devenu un pôle d'attraction pour ceux qui cherchent ce qu'il y a de plus pointu dans les domaines de la spiritualité et de la science, explique Chasse, et c'est le cas de notre public type. Cela nous a fait rire de constater que c'est à ça que s'intéresse le courant dominant de la société. Soixante-dix pour cent de ceux qui vont essayer de s'enrichir vont échouer.» Chasse fait remarquer que ce ne serait pas mal que la population s'enrichisse, car elle pourrait passer à autre chose: «Nous sommes tous préoccupés par des questions de survie; pour devenir des êtres éclairés, ces préoccupations doivent être réglées. Peut-être est-ce là un des bons côtés du *Secret* – si la race humaine finit par devenir éclairée, elle pourra passer à des choses moins matérialistes.»

L'intérêt que suscite *Le Secret* chez les jeunes est logique dans une autre perspective également: il arrive souvent que la nouvelle génération d'adultes adhère aux idées des générations précédentes simplement parce qu'elles leur apparaissent comme nouvelles. «Beaucoup de jeunes dans la vingtaine m'ont parlé de leur intérêt pour *Le Secret*, dit John Gray, auteur de *Les hommes viennent de Mars, les femmes viennent de Vénus*. Pour eux, c'est un éveil.» Pidkameny est témoin du même phénomène dans son club du livre : « Des jeunes dans la trentaine achètent le livre parce qu'ils veulent savoir comment atteindre leur objectif plus rapidement. »

Il y a aussi un côté sombre à l'intérêt que manifestent les jeunes pour *Le Secret*. Les jeunes de la génération du moi – qui sont dans la vingtaine et la trentaine – s'intéressent davantage à leur propre personne que le faisaient les générations antérieures, selon Jean Twenge, professeur de psychologie à l'Université d'État de San Diego et auteur de *Generation Me : Why Today's Young Americans Are More Confident, Assertive, Entitled — and More Miserable Than Ever Before*. Elle affirme que ce groupe a grandi avec la conviction que l'estime de soi est plus importante que la réussite. Twenge a lancé la recherche la plus importante jamais menée sur l'évolution du narcissisme d'une génération à l'autre, recherche qui a été menée par une équipe de psychologues rattachés à diverses universités.

« Loin d'avoir tendance au civisme, les jeunes nés après 1982 forment la génération la plus narcissique de l'histoire récente », observe Twenge. Dès lors, elle n'est pas du tout étonnée que les jeunes trouvent attirant le concept de la pensée toute-puissante. « Les enfants de baby-boomers, dit-elle, ont appris de leurs parents qu'ils peuvent devenir tout ce qu'ils veulent être, que tout est possible s'ils croient en eux-mêmes. La différence par rapport aux générations précédentes, c'est que celles-ci étaient conscientes de la nécessité de travailler dur pour arriver ; aujourd'hui, cette nécessité est remise en question. » Par conséquent, les jeunes se croient à même d'atteindre n'importe quelle cible sans effort. L'accent mis sur sa propre personne est différent des types classiques d'individualisme (pensez à Ayn Rand), qui se fondaient sur beaucoup d'ambition, de créativité et de travail acharné.

Il y a toutefois des jeunes qui travaillent fort et qui s'intéressent à la loi d'attraction parce qu'elle leur fait connaître des possibilités dont ils ignoraient qu'elles pouvaient s'intégrer dans leur vie. John Gray m'a parlé d'un mécanicien de 22 ans peu porté sur la lecture. «Il m'a dit avoir vu *Le Secret* et avoir été pas mal secoué, raconte Gray. Il n'avait jamais entendu parler de l'information présentée dans le film. Il avait le sentiment de maîtriser sa vie. Après avoir vu le film, il tenait absolument à lire le livre.»

Gray estime que pour quiconque n'a jamais été exposé à l'idée que nous sommes capables d'être maîtres de notre destin, que les décisions nous appartiennent et qu'elles n'ont pas à nous être imposées, le principe est un outil particulièrement puissant. «Pour ce jeune homme, c'était fabuleux de voir tous ces mentors, puis de constater que le principe pouvait s'appliquer à sa propre vie», dit Gray. Aux cyniques qui croient qu'un jeune homme de la classe ouvrière risque d'être déçu par la promesse faite par le livre (tout ce que vous voulez est à vous, vous n'avez qu'à le demander), Gray répond que leur perspective sur la pensée positive est mal orientée.

«Quiconque a jamais créé quelque chose a commencé avec une pensée positive, dit Gray. Tout exige de travailler fort, certes, mais tout commence aussi dans une perspective optimiste. Les gens qui ont pu imiter des modèles ou se faire appuyer par quelqu'un tiennent cela pour acquis. Pour ceux qui vivent dans un autre contexte, comme mon ami mécanicien, et qui n'ont peut-être pas eu cela dans leur vie, le message du *Secret* peut être la clé qui leur ouvre une porte.»

John Demartini fait remarquer que le message ne se limite pas aux choses matérielles. Les gens s'y intéressent pour diverses raisons, selon ce qui compte le plus dans leur échelle personnelle de valeurs – et c'est ce qu'ils y voient:

« Si c'est l'argent, c'est l'argent. Pour d'autres, ce peut être la famille ou les relations. En ce moment, vu l'état de l'économie et l'endettement, on constate un grand besoin dans ce domaine. Je ne vois pas ça quand je lis le livre, parce que les finances ne trônent pas au sommet de mon échelle de valeurs. »

La lampe d'Aladin : la technologie

La pensée métaphysique intéressait naguère un groupe plutôt restreint d'individus déterminés à sortir de l'ornière des solutions conventionnelles. Mais le Web a tout changé. John Demartini, conférencier en spiritualité et coach de vie, attribue l'intérêt croissant du public en général pour la loi d'attraction et ses cousins métaphysiques (mysticisme, taoïsme) à la facilité d'accéder à l'information grâce à Internet. « Nous avons désormais accès à une pléthore d'informations dont nous étions privés il y a à peine une décennie, faute de technologie. Aujourd'hui, nous pouvons disséminer de l'information dans un format agréable à l'œil qui capte l'attention des gens. » Il ajoute que c'est ce que fait avec brio *Le Secret*.

En plus d'avoir été d'abord accessible facilement et à peu de frais sous forme de téléchargement Internet, *Le Secret* emprunte le langage de la télévision, que tout le monde comprend. *Bleep*, film réalisé pour les salles, fait appel à des perspectives narratives alternées et à d'autres mécanismes cinématographiques généralement utilisés dans les films expérimentaux (pensez à Stan Brakhage et à Luis Buñuel). *Le Secret* parle la langue des publireportages, avec présentateurs et graphiques, afin que son propos soit facilement assimilable par le plus grand nombre.

L'existence d'Internet ainsi que les forums et babillards du Web consacrés au *Secret* témoignent d'une nouvelle manière de communiquer les théories religieuses et spirituelles. « Tout cela entraînera de nouvelles formes de communications, expressions et communautés spirituelles, dit le psychologue John Suler. Je ne crois pas qu'Internet remplacera les formes antérieures de communication spirituelle, mais il les complétera et les mettra en valeur. La distance géographique n'est plus un obstacle. Les individus peuvent communiquer entre eux en temps réel ou en différé. Chacun peut disposer de sa propre voix, et s'exprimer en mots, en images et en musique. Des personnes qui n'auraient jamais pu se rencontrer auparavant peuvent désormais le faire. » Et *Le Secret* se propage...

« Je crois que les films qui ont précédé *Le Secret* ont créé un climat de curiosité et d'acceptation à l'égard de ses idées dans le public en général », dit Kristine Pidkameny, en faisant référence à *Bleep* et à *Down the Rabbit Hole,* deux films qui ont capté l'attention de la population grâce à une publicité de bouche à oreille sur Internet. « L'intérêt accordé aujourd'hui [à la métaphysique], dit-elle, ne se situe plus tellement à gauche du centre, ce qui me paraissait être souvent le cas auparavant. J'ai vu la publicité de bouche à oreille pour *Bleep* se déployer et finir par atteindre la masse. »

Pidkameny relève un élément du film *Bleep* qui a fini par atteindre le grand public, en partie par l'intermédiaire des sites de clavardage et des blogues : « Le film a fait parler du livre de Masaru Emoto, *The Hidden Messages in Water.* » Emoto a effectué des expériences sur les cristaux de molécules d'eau. Il a exposé l'eau à des messages positifs, en écrivant des mots comme « amour », « bonté », « joie » et « espoir » sur des bouts de papier qu'il collait ensuite sur le contenant d'eau, afin que le liquide puisse les « voir ». Un autre groupe de contenants d'eau étaient exposés à des mots et concepts négatifs. Une fois congelée, l'eau exposée aux vibrations positives formait de magnifiques cristaux semblables à des flocons de neige, tandis que l'eau exposée aux vibrations négatives produisait des formes laides. Emoto a suscité une réaction brutale de toutes parts, notamment chez des scientifiques qui estiment que ses expériences n'ont rien à voir avec la science et qui le mettent au défi de mener des expériences plus rigoureuses afin de prouver ses affirmations, défi qu'il a jusqu'à présent refusé de relever. « La critique ne semble pas avoir eu d'effets négatifs sur la vente de son livre », constate Pidkameny.

Comme illustration de la vitesse à laquelle l'information peut être obtenue par l'intermédiaire des médias et du cyberespace, puis métamorphosée en nouveaux concepts et entreprises, examinons le cas d'un dénommé Dushan Zaric, barman et propriétaire d'un bar de Greenwich Village, à New York, appelé *Employees Only*. Selon un article publié le 4 mars 2007 dans le cahier « Style » de l'édition dominicale du *New York Times*, le barman a inventé un cocktail en se basant sur les expériences d'Emoto. Cinq barmen ont préparé le même daiquiri avec les mêmes ingrédients. Chaque fois qu'un barman heureux et sûr de lui préparait la boisson, les clients et le personnel du bar disaient qu'elle avait meilleur goût que lorsqu'elle était préparée par un barman déprimé ou anxieux. On continue aujourd'hui de discuter de l'expérience du barman dans les blogues et dans les salles de clavardage consacrées à l'alimentation. « Ça, c'est vraiment diluer le message ! » remarque Henry Jenkins, professeur en médias au MIT.

Rhonda Byrne est métaphysicienne

Le vrai secret se cachant derrière *Le Secret* pourrait très bien être Rhonda Byrne elle-même. «Le succès constaté est un parfait exemple de la concrétisation de la vision de Rhonda, dit John Gray. Ce qui est inusité, c'est qu'elle a concrétisé son rêve, qui était d'expliquer aux gens comment concrétiser les leurs.» Gray met toutefois un bémol à son commentaire en ajoutant que Byrne a également pu compter sur ses compétences techniques éprouvées et sur sa grande créativité : «Concrétiser ses rêves est possible, mais cela exige préparation, talent et techniques. Ce sont des préalables.» Une réinvention imposée n'est pas étrangère à tout cela non plus. Byrne traversait ce qu'elle a qualifié de période de déprime, de creux de vague. «La douleur, la souffrance et l'exclusion, tous les grands penseurs et créateurs en font l'expérience. Ensuite, comme Rhonda, ils se relèvent», explique Gray, qui estime que la valeur du négatif est l'un des aspects de la loi d'attraction qui manque dans le livre. Jerry et Esther Hicks, enseignants de la loi d'attraction, ont fait le même raisonnement, écrivant dans la lettre destinée à leurs amis qu'ils admirent la capacité de Byrne à rester «alignée» sur ses efforts de concrétisation.

Voilà qui suscite une question inévitable : la loi d'attraction, est-ce que ça fonctionne vraiment ?

CHAPITRE 3

Est-ce que ça fonctionne ?

L es aspects crédibles de la loi d'attraction – il y en a plusieurs –
se trouvent dans un groupe de théories psychologiques liées
entre elles, notamment : l'effet placebo ; la théorie de l'esprit
d'éveil ou de pleine conscience ; la thérapie cognitive et sa jeune
cousine, la psychologie positive. Que vous appeliez la loi d'attraction science du bonheur ou études en optimisme, elle n'est pas
sans mérite. Ceux qui affrontent la réalité, qui exercent leur libre
arbitre en prenant des décisions délibérément et en en assumant
la responsabilité, et qui réservent leur jugement, croient en eux-
mêmes et se créent une vie plus heureuse et plus riche que les
autres. La vie est pleine de chances et de risques. On peut dire
sans craindre de se tromper que ceux qui prennent des risques
tombent parfois, mais que la plupart du temps, ils peuvent réaliser de plus grandes choses que ceux qui n'osent jamais rien.

Les vrais adeptes de la loi d'attraction, toutefois, n'ont
pas besoin de preuve scientifique pour y croire. Lorsque vous
croyez dur comme fer en un concept ou en quelqu'un, ni le
raisonnement scientifique ni l'empirisme ne sont nécessaires.

Pour les gens qui n'ont pas de culture religieuse, la foi peut être un concept difficile à comprendre ou à accepter. Même dans les « religions séculières », dont la loi d'attraction fait certainement partie, aucune preuve contraire, si lourde soit-elle, ne peut faire changer d'idée le croyant. Le débat sur l'efficacité de la loi peut en fait commencer et se terminer en une seule phrase : « Il en est ainsi parce que je crois qu'il en est ainsi. »

Dans *Le Secret*, l'une des simplifications qui a suscité la controverse, c'est l'explication facile qui y est proposée lorsque quelqu'un n'obtient pas ce qu'il souhaite : vous savez, si vous ne croyez pas *vraiment*, rien n'arrivera – ainsi, le croyant « religieux » dispose toujours d'une excuse facile à opposer à son critique. Tu n'as pas obtenu la voiture parce que tu ne pensais pas *vraiment* que tu la méritais. Tu as encore le cancer parce que, *au fond de toi-même*, tu penses mériter d'être malade. Je ne sais pas si vous êtes comme moi, mais il m'est souvent arrivé de croire dur comme fer que telle ou telle chose n'allait jamais se produire dans ma vie, et vlan ! C'est quand même arrivé.

Ellen Langer, chercheuse en psychologie à l'Université Harvard, affirme qu'il y a un fondement à l'idée selon laquelle le seul fait de croire que vous pouvez recevoir un million de dollars peut vous les rapporter. Mais il faut quelque chose de plus dont ne parle pas *Le Secret* : agir. « Une fois que vous croyez, dit-elle, il se peut que vous traitiez l'information d'une autre manière, que vous commenciez à voir autrement les questions de finances et d'argent, que vous agissiez pour en gagner et que vous ne soyez plus aveugle aux occasions qui rapportent. »

Cela me rappelle l'histoire d'une femme que j'ai rencontrée récemment. Partie de rien, elle a bien réussi dans la vie. Elle m'a raconté que vers l'âge de 17 ans, tandis qu'elle rentrait du petit travail qui l'occupait après l'école, la vieille voiture familiale qu'elle conduisait était tombée en panne. Elle avait dû téléphoner à son père pour qu'il vienne la chercher, elle et la voiture, puisqu'il n'était pas question de faire venir un mécanicien, faute de moyens financiers. C'est à ce moment qu'elle a pris une décision: «J'ai compris à quel point cette panne de voiture était gênante, mais j'y ai aussi vu une occasion de clarifier ce que j'attendais de la vie. À ce moment précis, je me suis dit: "Je ne serai jamais pauvre." Et je ne le suis pas.» Bien entendu, elle a délibérément emprunté dans la vie une voie menant directement à l'enrichissement, et passant par une maîtrise en administration des affaires et par un poste dans la vente de fonds spéculatifs.

Dans le cas de Rhonda Byrne, la concrétisation du succès de son DVD a résulté de certaines décisions et actions (mentionnées au chapitre 1): voyage aux États-Unis, rencontre des experts et conférenciers qui allaient participer à son film, et recours à un mode de distribution (téléchargement Internet) autre que la télédiffusion initialement prévue. Même si elle avait mille fois écrit et répété à haute voix: «J'ai réalisé un film sur la loi d'attraction qui connaîtra un succès bœuf!», il est certain que, si elle s'était contentée de rester dans sa maison de Sydney, pas grand-chose ne serait arrivé.

Bref, le principe «demandez, croyez, recevez» pourrait se formuler avec plus de justesse ainsi: «demandez, croyez, agissez et augmentez considérablement vos chances de recevoir».

Le hic

Même certains croyants déplorent que *Le Secret* simplifie la loi d'attraction au point de la rendre inefficace, surtout pour les néophytes qui ne disposent d'aucune autre information sur le sujet. «Ses failles sont évidentes, dit Arielle Ford, qui nage dans l'univers métaphysique depuis plus d'un quart de siècle. Bien des gens seront désappointés, parce que Rhonda ne parle pas suffisamment de la nécessité de sentir et de croire que ce que vous voulez est déjà vôtre. Si vous êtes incapable de faire cela, vous n'aurez rien. La plupart des gens trouvent cela difficile, parce qu'ils se croient indignes d'obtenir ce qu'ils veulent, parce qu'ils ont peur et parce qu'ils ont honte. Ils se disent peut-être "je veux être riche", mais ils ont une mentalité de perdants, et *Le Secret* n'offre aucune information sur la manière d'en tenir compte.»

«J'aurais aimé que d'autres éléments fassent également partie du DVD, dit John Demartini, coach de vie qui participe au film. Il y a tant de choses que j'aurais clarifiées. Mais, en même temps, je suis heureux que *Le Secret* ait rejoint un marché de masse.» Dans ses ateliers, Demartini enseigne qu'il existe une hiérarchie des valeurs à partir de laquelle les gens tentent de concrétiser leurs désirs. (L'un de ses ateliers de deux jours s'intitule *Expérience capitale*.) «Si vous cherchez quelque chose qui n'est pas en harmonie avec votre système de valeurs, dit-il, vous reviendrez toujours vers ce qui compte pour vous.» Même si le discours de Demartini est celui du nouvel âge, il n'est pas dénué de pragmatisme. Selon lui, si vous visez une cible à peu près impossible à atteindre, vous ne l'atteindrez pas.

Gail Jones, coach de vie dans la région de Boston et auteur de *To Hell and Back... Healing Your Way Through Transition*, travaille principalement auprès de baby-boomers qui vivent les changements professionnels et relationnels typiques de la cinquantaine. Jones estime que l'élément «croyance» fait défaut au *Secret*. Non pas «croyance» en ce sens que vous croyez que votre pensée positive va se concrétiser, mais en ce que vous êtes certain de ne jamais pouvoir provoquer de changement véritable ni réaliser vos désirs si vous n'êtes pas conscient de vos croyances et valeurs intérieures. «*Le Secret* est trop simple, dit-elle. Avant de demander quelque chose, vous devez savoir clairement ce que vous pensez vraiment de vous-même. Vous devez vous débarrasser des croyances sur vous-même qui vous empêchent de progresser (je ne vaux rien, etc.) et les remplacer par de nouvelles (je mérite cela, etc.).» Selon Jones, c'est une tâche pratiquement impossible à assumer soi-même; il faut solliciter l'aide d'un coach ou d'un thérapeute.

Ben Johnson, diplômé en médecine, en naturopathie et en ostéopathie, qui a participé au film, s'inquiète de ce que les spectateurs du DVD n'en retiennent souvent qu'une seule idée, celle selon laquelle il suffit de penser, de demander et de croire pour que ce que nous voulons nous tombe du ciel : «Quelle que soit l'intensité de nos pensées positives ou des vibrations que nous émettons, il ne faut jamais oublier la règle de trois : il faut trois fois plus de temps, trois fois plus d'argent et trois fois plus d'énergie pour se rendre où l'on veut. Et vous devez découvrir quelle est votre passion afin que votre travail soit productif.»

Betsy Chasse estime qu'il est facile d'attaquer *Le Secret* parce qu'il manque de substance; mais elle ajoute : «Nous ignorons la moitié de ce que peut réaliser le cerveau.» Elle a raison. Savants et psychologues étudient depuis longtemps la manière dont nos pensées et humeurs s'entrecroisent; bon nombre de ces études concluent qu'une approche optimiste de la vie a des effets psychologiques, physiologiques et biologiques quantifiables sur la santé et le bien-être.

La réponse de croyance : l'effet placebo et la théorie de l'esprit d'éveil

Placebo est un mot latin signifiant «je plairai». Il peut s'agir d'une substance inactive en pharmacologie, d'une fausse intervention chirurgicale ou d'une affirmation émise d'autorité sur la santé du patient. Le placebo peut entraîner une atténuation de la maladie ou des symptômes ou, dans certains cas, selon ce que le patient croit au moment de l'administration du placebo, une aggravation de la maladie ou des symptômes. Le fait de croire au placebo lui donne un effet médicinal.

Revenons à une sagesse plus ancienne : notre ami William James, psychologue du XIXᵉ siècle, disait : «Tandis qu'une partie de ce que nous percevons par nos sens vient de l'objet placé devant nous, une autre partie (peut-être la plus grande) vient toujours… de notre propre cerveau.» Marc-Aurèle n'a-t-il pas dit : «Si un élément externe vous fait souffrir, votre douleur n'est pas causée par cet élément en tant que tel, mais par votre propre jugement de cet élément; et vous avez le pouvoir d'annuler cela à tout moment.»

Howard Brody, directeur de l'Institut des humanités médicales de l'Université du Texas et auteur de *The Placebo Response: How You Can Release the Body's Inner Pharmacy for Better Health*, dit de l'effet placebo : «[…] des études récentes continuent de prouver que l'effet placebo est bien réel, et nous commençons à mieux comprendre en quoi il consiste. Depuis cinq ans, la neuro-imagerie se révèle prometteuse dans l'étude de l'effet placebo, même si nous en sommes encore au stade de l'exploration.» La neuro-imagerie est un ensemble de méthodes d'imagerie médicale qui servent à obtenir de l'information sur la structure, le fonctionnement et la réponse pharmacologique du cerveau. Elle permet aux scientifiques de voir comment l'information est traitée dans le cerveau et, par conséquent, comment le cerveau y réagit, ce qui inclut sa capacité à diriger la guérison des maladies. La neuro-imagerie sera de plus en plus utile dans le diagnostic et le traitement de la maladie d'Alzheimer et des maladies métaboliques, ainsi que dans la recherche sur le cerveau en général et sur ses fonctions cognitives en particulier.

Brody décrit une étude réalisée en 2001 auprès de patients atteints de la maladie de Parkinson. Certains d'entre eux recevaient un médicament qui augmentait le taux de dopamine dans le cerveau, et d'autres un placebo. Chez les patients recevant le placebo, on a constaté une augmentation statistiquement significative de la production de dopamine dans le cerveau. «Il s'est produit le même résultat que s'ils avaient reçu le médicament», dit-il. La fabrication d'opioïdes naturels a été constatée au cours d'études sur la douleur faisant appel à des placebos. Dans des études menées sur la dépression, on a été témoin d'une intensification de l'activité cérébrale dans la zone du cerveau qui contrôle l'humeur, intensification analogue à celle manifestée chez les sujets recevant des antidépresseurs.

Deux théories sont proposées pour expliquer pourquoi les placebos sont efficaces comme médicaments chez certains sujets : celle de l'expectative et celle du conditionnement. «Selon la théorie de l'expectative, explique Brody, le patient anticipe une amélioration, et il va mieux. Mais comment le cerveau du patient sait-il ce qui est efficace pour lui rendre la santé? Selon la théorie du conditionnement, le cerveau se souvient que l'organisme s'est rétabli dans le passé et, lorsque vous administrez un placebo au patient, ce souvenir refait surface et ouvre la voie à l'élément requis pour la guérison du corps.»

Il reste que l'effet placebo ne se produit que chez un certain pourcentage d'individus. Selon beaucoup d'estimations, jusqu'à un tiers des patients sensibles aux placebos rapportent des effets semblables à ceux qu'ont éprouvés les patients ayant reçu le vrai traitement ou médicament. Mais aucun essai de placebo n'a jamais été efficace auprès de 100 p. 100 des sujets. «Certains sujets ressentent l'effet placebo, d'autres non, dit Brody. C'est donc un effet relativement imprévisible.»

L'imprévisibilité de l'effet placebo a conduit deux chercheurs néerlandais à publier en mai 2001, dans *The New England Journal of Medicine*, un article selon lequel cet effet serait pure fantaisie. Les docteurs Asbjorn Hrobjartsson et Peter C. Gotzsche, de l'Université de Copenhague et du Nordic Cochran Center, organisation internationale de chercheurs en médecine qui examinent les essais cliniques aléatoires, ont analysé 114 études publiées ayant fait appel à un placebo et portant sur quelque 7500 patients qui présentaient une quarantaine de conditions médicales différentes. Ils n'ont trouvé aucune preuve au principe de sagesse conventionnelle selon lequel le tiers des patients voient leur état s'améliorer lorsqu'ils reçoivent à leur insu un placebo, et rien non plus qui leur laisse croire à un quelconque lien entre l'esprit et le corps. Cependant, Brody estime qu'il s'agit là d'un point de vue minoritaire, et de nouvelles études sur l'effet placebo continuent de donner des résultats impressionnants.

Ellen Langer, professeur de psychologie à Harvard, auteur de *Mindfulness : The Power of Mindful Learning* et de *Mindful Creativity*, effectue depuis longtemps des recherches sur l'effet placebo, ou sur ce qu'elle appelle la théorie de l'esprit d'éveil ou de la pleine conscience. «En ce moment, le processus d'épreuve de l'effet placebo est ridicule, explique-t-elle. Quelqu'un doit vous mentir de manière convaincante. » Elle cherche un moyen d'éviter le recours à un faux médicament ou traitement (et au mensonge qu'il implique) et de faire en sorte que le mécanisme de guérison qu'il déclenche fonctionne à la demande pour plus d'individus.

« La principale difficulté qu'éprouvent les psychologues, c'est la manière de transmettre quelque chose de l'esprit immatériel au corps matériel [lorsqu'on le veut], explique Langer. L'idée voulant que l'on puisse provoquer quelque chose rien qu'en y pensant paraît bizarre. Pour l'instant, il n'y a aucune raison d'y croire, mais dire cela, ce n'est pas la même chose que d'affirmer que l'idée est fausse. Nous connaissons des exemples de modifications biologiques attribuables à la pensée. Quand nous voyons une souris, qui ne va sûrement pas nous faire de mal, notre pouls s'accélère, et notre tension artérielle s'élève. Ou encore, si vous êtes en train de manger quelque chose et que quelqu'un vient vous apprendre que le chef a uriné sur l'aliment, il se peut que vous vomissiez. » Alors, comment trouver le lien chimique ou neurologique entre la pensée (je crois que le chef a uriné dans ma soupe – même si ce n'est pas vrai) et sa conséquence (je suis malade) ?

L'une des dernières études de Langer s'attaque directement à cette question et à l'une des affirmations les plus controversées et contestées du *Secret*. Dans le livre (mais pas dans le DVD), Byrne dit avoir gagné beaucoup de poids après la naissance de ses filles. Elle attribue cela au fait qu'elle avait lu, écouté et cru des messages selon lesquels il est fréquent que les femmes grossissent à ce moment de leur vie. Elle affirme que la nourriture ne peut pas vous faire gagner de poids, à moins que vous ne *pensiez* qu'il en est ainsi. Selon elle, tant que vous ne croyez pas que la nourriture vous fera perdre votre ligne, vous pouvez manger sans craindre l'embonpoint.

Byrne vous recommande de croire que vous avez déjà votre poids idéal et d'éviter de regarder quiconque a un excès de poids (on peut se demander dans quelle direction elle regarde lorsqu'elle participe à des émissions devant un public). Cela me rappelle les superstitions d'autrefois sur la maladie : tiens-toi à l'écart des personnes atteintes du cancer, de crainte de l'attraper. Est-ce là ce qu'avance Byrne ? Disons que, dans son livre, elle affirme que vous ne devriez pas discuter avec un malade de ses problèmes de santé, car vous inviteriez la maladie.

Langer a toutefois trouvé des éléments laissant croire que le fait de penser « mince » peut entraîner une perte de poids. Lorsqu'elle et l'un de ses étudiants ont étudié un groupe de 84 femmes de ménage travaillant pour 7 hôtels de Boston, ils ont fait une découverte remarquable (publiée dans le numéro de février 2007 de la revue *Psychological Science*). Les femmes avaient de 18 à 55 ans. Aux femmes de ménage de 4 de ces hôtels, on a dit que leur travail quotidien dans 15 chambres était un bon exercice et satisfaisait aux principes d'un style de vie sain et actif. On n'a rien dit aux femmes de ménage des trois autres hôtels.

Toutes ces femmes ont rempli des questionnaires, qui ont indiqué que leur degré d'activité n'a pas changé durant les quatre semaines qu'a duré l'étude. Les femmes du groupe menant un « style de vie sain » ont perdu en moyenne 1 kilo et 0,5 p. 100 de leur graisse corporelle. Elles ont réduit de 0,35 point leur indice de masse corporelle, et leur tension artérielle systolique (le premier nombre) a baissé de 10 p. 100 en moyenne. Par contre, les femmes à qui on n'avait rien dit n'ont pas présenté de modifications statistiquement significatives. Bien sûr, la perte de 1 kilo en 4 semaines n'a rien de spectaculaire, puisque les médecins recommandent un amaigrissement de 300 g à 1,5 kilo par semaine, rythme plus facile à soutenir à long terme.

Songez à tout le temps que nous passons distraits ou inconscients, observe Langer. La science traite les probabilités et les traduit en faits absolus dans la culture. « Une fois que vous êtes persuadé de savoir quelque chose (par exemple que faire le ménage, ce n'est pas faire de l'exercice), dit-elle, vous n'y prêtez plus attention. À cause de cela, nous sommes souvent dans l'erreur, mais n'avons jamais aucun doute. » Ce manque d'attention peut nous faire rater des occasions susceptibles de nous mener à notre but ou de nous faire vivre des expériences bénéfiques.

« Les notions absolues, à mon avis, vous engourdissent l'esprit, dit Langer. Lorsque vous en êtes affranchi, vous restez attentif et vous percevez des choses qui vous auraient échappé autrement. Lorsque j'entends quelqu'un affirmer que quelque chose n'est absolument pas possible, je me dis qu'il faut examiner la question afin de confirmer que c'est bien le cas. Dire qu'on ne peut être sûr que quelque chose est faux, ce n'est pas la même chose que de dire que quelque chose est certainement vrai ou absolument faux. Percevoir activement de nouvelles choses sans y ajouter d'idées préconçues vous rend plus conscient des limites de vos connaissances, et ce processus de discrimination active vous rend plus vif. »

Le travail de Langer est censé permettre l'analyse des vérités « absolues » ou croyances, afin de voir si on peut en tirer des vérités autres. Langer m'a raconté l'histoire du cheval et du hot-dog. Un homme veut un hot-dog pour le donner à son cheval. Vous penserez peut-être : le cheval ne va pas le manger, puisque les chevaux ne sont pas carnivores. L'homme donne le hot-dog à l'animal, qui le mange. Vous êtes dès lors contraint de penser qu'il y a, après tout, des situations dans lesquelles un cheval mangera de la viande. Il s'agit d'une possibilité. Cela ne veut pas dire que tous les chevaux mangeront toujours de la viande. Si vous avez l'idée bien arrêtée que les chevaux ne mangent pas de viande et que les seuls aliments à votre disposition soient des hot-dogs, il se pourrait bien que votre monture meure de faim, puisque vous n'essaierez même pas de lui donner cet aliment.

Les pensées qui provoquent certaines projections vers l'extérieur peuvent également modifier notre situation ; si elles ne peuvent pas changer *le* monde, au moins elles peuvent changer *votre* monde. Beaucoup d'entre nous ont vécu des situations analogues à celle que donne en exemple Howard Brody à propos du rejet d'une candidate à un poste. «Nous n'avons pas embauché cette candidate au poste de professeur, dit-il, en partie parce qu'elle ne dégageait pas d'assurance. Ainsi, même si nous sommes incapables de changer magiquement le monde ou de séparer les eaux de la mer Rouge, des forces psychologiques peuvent changer quelque chose au monde.» Dans l'exemple donné, les pensées que nourrissait la candidate au sujet de ses compétences se sont manifestées dans son comportement, lequel a entraîné le rejet de sa candidature.

Il est même possible que cette candidate ait été compétente et qualifiée, mais qu'elle n'ait pas été dans son assiette ce jour-là. «On supposait naguère que l'être humain pouvait éprouver des émotions et qu'il pouvait penser, et que c'était là deux choses différentes, explique Brody. Cette hypothèse servait de prétexte au parti pris contre les femmes. On disait que les femmes étaient plus émotives que les hommes, notamment. Mais il se trouve que les deux zones du cerveau qui contrôlent l'émotion et la logique sont intimement liées; impossible de déclencher l'une sans faire jouer l'autre.»

Pouvoir de guérison

Une autre thèse du *Secret* qui a suscité colère et scepticisme, c'est la conviction que la pensée positive peut guérir la maladie, cancer compris. Il se peut que cette conviction résulte du fait que les croyants ont mal compris les nuances des théories de l'effet placebo et de la pensée positive. Le livre de Byrne rapporte le cas de Cathy Goodman, qui affirme avoir guéri son cancer en se faisant croire que celui-ci « n'avait jamais séjourné dans son corps» et en regardant des films «très drôles». Tous les participants au film *Le Secret* à qui j'ai parlé disent ne jamais laisser entendre que les gens devraient mettre fin à leurs traitements traditionnels. La simplification du concept risquerait de conduire des malades désespérés ou crédules à être victimes d'arnaques ou à adopter des comportements dangereux. Oprah Winfrey a dû clarifier sa position à ce sujet durant son émission du 30 mars 2007, en réponse à la lettre d'une femme qui avait regardé sa première émission sur *Le Secret* et chez qui, peu de temps après, on avait diagnostiqué un cancer du sein. Trois médecins avaient avisé cette femme qu'elle devrait immédiatement subir une mastectomie. Mais elle avait plutôt décidé de se guérir elle-même par la force de sa pensée. Oprah a tenté de la rappeler à la raison en lui expliquant que *Le Secret* ne préconise pas l'élimination des formes classiques de traitement médical. Il ne le préconise pas, mais Byrne écrit que vous serez en bonne santé si vous croyez que vous êtes la perfection.

« Je ne recommande à personne de cesser de prendre leurs médicaments contre le cancer, dit John Demartini, même si les rémissions spontanées [elles sont statistiquement rares] existent et que je crois que nos émotions y sont pour quelque chose.» Le docteur Ben Johnson – avec le docteur Alex Lloyd – fait la promotion d'un produit appelé Healing Codes, qu'il vend et qui, selon lui, élimine les pensées inconscientes néfastes *littéralement* cachées dans les cellules. Johnson affirme s'être administré ce produit lui-même pour se guérir de la maladie de Lou Gehrig. « Il faut déployer tout ce qu'on peut contre la maladie», dit-il. Le système Healing Codes, qui coûte 797 $ US, recourt à la photographie Kirlian et l'énergie du bout des doigts pour activer les 5 centres de guérison du corps, selon un ordre précis. Selon Johnson, une fois que les mensonges sont chassés des souvenirs stockés dans vos cellules, à vous la santé ! L'idée voulant que la maladie soit causée par de mauvais souvenirs emmagasinés dans les cellules témoigne d'une utilisation extrêmement mystique du terme « souvenir».

Norman Doidge, auteur de *The Brain That Changes Itself: Stories of Personal Triumph from the Frontiers of Brain Science* (2007), est chercheur au centre de recherche et de formation en psychanalyse de l'Université Columbia et à la faculté de psychiatrie de l'Université de Toronto. « Je crois fermement à l'existence d'un lien entre le cerveau et le corps, dit-il, mais de telles affirmations poussent ce lien si loin et le rendent si peu spécifique qu'il perd quasiment tout son sens. Qu'est-ce que cela signifie de dire qu'une cellule a un mauvais souvenir ? C'est une métaphore tirée de notre expérience consciente ou mémoire, qui attribue un état complexe à une cellule ou à plusieurs. Puisque nous gardons tous de mauvais souvenirs de ceci ou de cela, nous pouvons supposer que nous sommes tous disposés à avoir des cellules où sont stockés de mauvais souvenirs, et par conséquent, à tomber malades. Pourtant, une approche si peu spécifique n'explique pas pourquoi telle personne contracte telle maladie, mais pas telle autre. Elle n'explique rien. Elle ne fait qu'attirer notre attention à cause de sa prétention curative. Le seul moyen de vérifier la véracité de cette prétention serait de mener des recherches rigoureusement scientifiques. » Il n'existe pas d'études empiriques contrôlées du système Healing Codes, même si Johnson affirme disposer de nombreux témoignages de son efficacité.

Doidge fait également remarquer que les éclosions de maladies infectieuses ne touchent pas que les sujets dont les cellules ont de mauvais souvenirs – tout le monde est frappé par l'épidémie. Quand on attribue la maladie à de mauvais souvenirs, dit-il, « on retourne à l'ère primitive ou à l'époque médiévale, lorsque le monde de l'infiniment petit était encore inconnu, et que les malades étaient considérés comme des êtres mauvais, des pécheurs ou des possédés du diable ».

Si on exclut les traitements alternatifs bizarroïdes, il reste que bon nombre d'études sérieuses ont prouvé qu'un malade à la perspective optimiste a plus de chances de guérir rapidement qu'un malade pessimiste. En fait, elles sont si nombreuses qu'on pourrait remplir de citations un livre du format de celui-ci. (J'ai dressé la liste des études les plus importantes sous la rubrique *Lectures complémentaires*, à la fin du livre.) Un projet de recherche de Harvard, souvent cité, conclut que le degré d'optimisme des étudiants d'université annonçait quel serait leur état de santé 35 ans plus tard. Un groupe d'étudiants des grandes universités américaines ont fait l'objet d'une étude durant la Seconde Guerre mondiale, puis ont été suivis durant leur vie adulte. Les chercheurs ont constaté que les étudiants optimistes étaient en meilleure santé une fois arrivés dans la cinquantaine que ceux qui avaient été des étudiants considérés comme pessimistes.

Cathy Goodman dit avoir regardé des comédies comme élément thérapeutique – le rire étant un médicament puissant. Il se pourrait bien que ce soit le cas, selon David L. Felten, directeur de la recherche médicale à l'Institut de recherche Beaumont et à l'hôpital William-Beaumont de Royal Oak, au Michigan, coéditeur de la revue *Psychoneuroimmuno-logy*, et cofondateur et éditeur de la revue *Brain, Behavior and Immunity*. Selon le docteur Felten, des études indiquent que regarder un film humoristique d'une demi-heure stimule les cellules tueuses naturelles et les défenses anticancéreuses : «Nous avons été témoins de cela dans notre travail clinique et dans des études comparatives. Dans l'une d'elles, la fréquence des crises cardiaques récurrentes des patients a diminué de 80 p. 100 lorsque nous avons intégré une vidéo humoristique de 30 minutes dans leur traitement quotidien, comparativement à la fréquence des crises chez les autres patients.»

Dans une autre étude, publiée en 2005, des chercheurs de l'Institut d'hygiène industrielle de Finlande, du Centre national de recherche et développement en santé et bien-être, des universités de Helsinki et de Turku, et du University College de Londres ont analysé l'évolution de la santé chez 5007 sujets dont un membre de la famille est mort ou a contracté une maladie grave. Leur degré de pessimisme ou d'optimisme personnel a été mesuré avant et après l'épreuve stressante, chaque fois pendant trois ans. Les chercheurs ont constaté que le nombre de jours de congé de maladie pris après l'épreuve revenait plus rapidement à ce qu'il avait été avant celle-ci dans le cas des sujets qui avaient obtenu de bonnes notes au test d'optimisme, par rapport à ceux dont les notes avaient été faibles.

Les chercheurs concluent que l'optimisme réduit le risque d'ennuis de santé et peut aider l'individu à se rétablir après avoir vécu une épreuve traumatisante. En ce qui a trait aux pessimistes, les chercheurs font remarquer ceci : « [Ils] se distancient souvent des épreuves émotionnelles, et cette stratégie d'adaptation est peut-être moins efficace que le recours à une approche active concentrée sur l'épreuve et mise en œuvre immédiatement après l'épreuve, par exemple le décès d'un parent. »

Oakley Ray, psychologue de l'Université Vanderbilt, affirme que le stress a un effet néfaste sur le cerveau et peut faire du mal à l'organisme à l'échelle moléculaire et cellulaire, ce qui nuit à la santé et à la qualité de vie de l'individu. Malgré cela, il a remarqué qu'un individu dont l'état d'esprit est positif peut vaincre certains des effets néfastes du stress, lutter plus efficacement contre la maladie et, en fin de compte, retarder la mort.

« Lorsqu'on connaît la manière dont le cerveau influe sur la santé et sur la vulnérabilité à la maladie, on peut apporter d'importantes modifications au système de soins de santé, dit-il. Pour aider les gens à vaincre le stress et à rester en bonne santé, il est essentiel de comprendre l'interaction entre l'esprit, le système endocrinien, le système nerveux et le système immunitaire. On parle ici de psychoendoneuro-immunologie, souvent appelée PENI. » Comme exemple, Ray dit qu'il existe des agents pathogènes qui peuvent vivre en équilibre avec nous, comme ceux de la tuberculose, dont les symptômes ne se manifesteront que chez un faible pourcentage de la population. Ceux qui ne tombent pas malades jouissent sans doute d'un système PENI qui fonctionne bien.

Les études sur le taux de mortalité des patients atteints de maladies mortelles, comme le cancer du poumon, révèlent peu de cas de rétablissement, quelle que soit l'attitude du sujet. Une étude menée en Australie en 2004, publiée dans la revue *Cancer*, conclut qu'une attitude optimiste n'aide pas les personnes atteintes du cancer du poumon à vivre plus longtemps. En fait, les chercheurs ont plutôt constaté qu'inciter ces patients à adopter une attitude optimiste peut être néfaste, parce que l'effort à consentir pour être ou prétendre être heureux représente souvent un fardeau de plus.

L'étude révèle également que l'optimisme de ces patients décroît avec le temps, même s'ils réagissent bien au traitement, peut-être à cause de la toxicité des thérapies et de la gravité de leur maladie. Les chercheurs rapportent que ces résultats ne sont pas particulièrement étonnants pour les oncologues qu'ils ont interrogés. Tous ont dit voir leurs patients atteints d'un cancer du poumon à un stade avancé entreprendre le traitement avec beaucoup d'espoir, mais perdre cet espoir tout aussi rapidement que les patients initialement pessimistes quant à leurs chances de rémission. Il semble injuste et cruel de rejeter la faute sur le patient qui ne fait pas de progrès, simplement parce qu'il éprouve de la difficulté à adopter l'attitude du verre à demi plein face à son traitement et à sa situation dramatique.

En outre, l'optimisme est presque inutile lorsqu'il s'accompagne de déni – et il ne faut jamais confondre les deux. Le déni peut mener le patient à ne pas prendre les mesures médicales requises pour lutter contre la maladie, voire à ne même pas s'occuper de sa santé, tandis que l'optimisme réaliste l'aide à prendre en main ses soins. C'est une autre raison qui explique que le taux de survie des optimistes réalistes est supérieur à celui des réalistes déprimés ou des tenants du déni, deux types de patients qui auront tendance à moins s'inquiéter de l'issue de leur maladie et à se comporter en conséquence.

Une autre méthode importante et prometteuse en ce qui a trait au pouvoir curatif du lien esprit-corps, c'est l'imagerie guidée (IG), processus que *Le Secret* appellerait visualisation : visualisez ce que vous voulez voir arriver et cela arrivera. Il s'agit d'une technique de relaxation profonde reconnue par la plupart des professionnels de la santé traditionnels. Le concept selon lequel des images mentales peuvent mener à la guérison semble assez farfelu, mais il existe des preuves d'un rapport entre ce que nous imaginons et la manière dont nous guérissons. Beaucoup d'études comparatives crédibles ont indiqué que l'IG est efficace pour réduire la durée du rétablissement après une intervention chirurgicale, rendre le traitement du cancer moins pénible, atténuer l'angoisse, soulager l'arthrite et faire baisser la tension artérielle.

Par exemple, les chercheurs du centre médical de l'Université Columbia ont constaté que, dans le cas des patients ayant subi une intervention chirurgicale au cœur et qui pratiquaient l'IG, l'amélioration de l'état de santé psychologique et physique était statistiquement supérieure à celle des patients qui refusaient la nouvelle technique et faisaient l'objet du seul traitement conventionnel. Après avoir étudié le cas de plus de 900 patientes ayant subi une hystérectomie, l'assureur Blue Shield de Californie a découvert que le traitement de celles qui avaient écouté un enregistrement d'IG avant l'intervention coûtait environ 2000 $ de moins, surtout en raison d'une réduction dans la prise d'analgésiques. L'assureur offre désormais à tous ses assurés des audiocassettes d'IG afin qu'ils se préparent à leur intervention chirurgicale.

Dans l'IG, un thérapeute aide les patients à trouver certaines images dont ils pourront se servir pour se plonger dans un état de relaxation très profonde (parfois appelé « état alpha »). Des psychologues affirment que l'IG est efficace chez beaucoup de sujets parce que, sur le plan de la réponse cérébrale, il y a très peu de différence entre penser à quelque chose et en faire l'expérience. Le cortex visuel est intimement lié au système nerveux autonome, lequel commande les battements du cœur et la respiration, entre autres fonctions involontaires. Par exemple, lorsque vous mordez dans un citron, vous salivez ; la même salivation se produit lorsque vous pensez à mordre dans un citron. Lorsque j'ai vécu les attentats du 11 septembre 2001 à Manhattan, j'ai été bouleversée – le souvenir de ce jour me fait le même effet. Mon cœur s'emballe, les larmes me montent aux yeux et j'éprouve une profonde tristesse. Lorsque je me rappelle une situation comique dans laquelle je me suis trouvée avec des amis, j'en ris encore autant aujourd'hui.

L'IG n'est pas quelque chose que l'on peut réaliser soi-même du premier coup. La plupart de ses praticiens disent qu'elle requiert du patient qu'il s'entraîne et reçoive une certaine formation (même si l'écoute d'une audiocassette d'IG est efficace). Selon la plupart des thérapeutes en IG, le parcours idéal comporte de six à huit séances dispensées par un professionnel, avec recours constant aux audiocassettes (généralement peu coûteuses, souvent à moins de 20 $).

De très nombreuses recherches expérimentales concluent en l'efficacité des techniques de thérapie cognitive pour le soulagement de la dépression, la perte de poids, la résolution de problèmes et pour l'efficacité générale de la personne en tant que telle. La thérapie cognitive cherche à remplacer les pensées bancales, irrationnelles, négatives, fausses ou contre-productives par des pensées plus sensées, réalistes et positives. La technique a prouvé l'existence d'un lien entre la modification délibérée des pensées et la modification du comportement. Cependant, Robert L. Leahy, président de l'Association internationale de psychothérapie cognitive et professeur de psychiatrie clinique au centre médical Weill Cornell, estime que la pensée magique du type présenté dans *Le Secret* présente peu d'avantages thérapeutiques. «Je ne souscris pas à l'idée selon laquelle l'individu devrait toujours être optimiste, écrit-il dans un courriel d'avril 2007. Je vois dans la thérapie cognitive le pouvoir de la pensée réaliste. Il ne s'agit pas seulement de souhaiter pour recevoir.»

Accentuer le positif

Martin Seligman, président du conseil au centre de psychologie positive de l'Université de Pennsylvanie, est réputé dans le milieu de la psychologie pour sa recherche expérimentale dans le domaine de l'impuissance acquise et de l'optimisme. Il définit la psychologie positive comme étant «l'étude scientifique des points forts et mérites qui permettent aux individus et collectivités de bien se développer». Elle met l'accent sur les émotions et traits de caractère individuels positifs, et sur les institutions positives. Cette nouvelle discipline gagne de plus en plus d'adeptes. Souvent connus sous le nom de *Bonheur 101*, ces cours sont désormais offerts sur plus de 200 campus universitaires aux États-Unis.

Seligman prend garde de distinguer la psychologie positive de la pensée positive. Il compare la poursuite des sentiments positifs aux théories hédonistes du bonheur, fondées sur de courtes exaltations émotionnelles qui ne mènent pas au bonheur durable ni ne donnent de sens à la vie. La psychologie positive s'interroge sur la manière dont l'être humain peut exploiter ses forces et talents afin de relever les défis qui débouchent sur l'«expérience optimale» (que décrit Mihaly Csikszentmihalyi dans son best-seller *Flow: The Psychology of Optimal Experience,* publié en 1990), laquelle mène à une vie engagée et pleine de sens, c'est-à-dire au bonheur véritable. La psychologie positive, ce n'est pas de foncer en pensant que tout va toujours être merveilleux. Par exemple, comme le dit Seligman, vous ne voudriez pas qu'un contrôleur aérien fasse preuve de trop d'optimisme lorsqu'il détermine si votre avion peut ou non décoller sans danger durant une tempête. De la même manière, il se peut qu'une femme seule ait avantage à être pessimiste quant à ses chances de passer une soirée agréable lorsqu'elle envisage d'aller se soûler dans un bar situé dans un quartier dangereux.

La psychologie positive doit beaucoup à la théorie de l'accomplissement de soi, mise au point par Abraham Maslow en 1943. Selon Maslow, dès que l'individu a satisfait ses besoins élémentaires (nourriture, abri, sécurité), il cherche à combler des besoins d'ordre supérieur. Au sommet de la pyramide se trouvent les besoins dont la satisfaction entraîne l'accomplissement de soi: moralité, créativité et résolution de problèmes, notamment. De manière semblable, le psychologue Carl Rogers – dont l'expression la plus célèbre est sans doute celle du «regard positif inconditionnel» – voit l'individu comme fondamentalement bon (tandis que Freud le voyait essentiellement névrosé). Son individu en pleine maîtrise de ses moyens est ouvert aux nouvelles expériences, il vit dans le présent, il reconnaît sa liberté et assume la responsabilité de ses choix, et il explore sa créativité (il ne s'agit pas nécessairement d'une créativité artistique; ce peut être tout simplement accomplir sa tâche du mieux qu'il peut).

Ces trois théories supposent qu'une personne saine est capable de faire pleinement l'expérience de la vie et d'atteindre son propre degré d'excellence maximal. Les individus accomplis peuvent vivre des expériences dites négatives, mais leur perspective sur la vie les rend moins susceptibles de se complaire dans la malchance ou la défaite. Il est donc parfaitement logique de dire que les personnes qui souscrivent à la loi d'attraction et croient vraiment que leurs pensées positives attirent des choses positives sont mieux placées que les sceptiques et les pessimistes pour devenir des êtres pleinement accomplis.

Ponctuer le négatif

À juste titre, l'idée qu'une seule pensée «négative» puisse attirer une déception, une perte, une maladie, une catastrophe ou une tragédie en trouble plusieurs. Selon Byrne, la loi d'attraction avance que, pour être victime d'un événement horrible – d'un holocauste, d'un tsunami, d'un massacre, voire de la simple perte d'un emploi –, vous devez être sur la même longueur d'onde que l'événement, même si vous n'êtes pas en train d'y penser spécifiquement. Je ne sais pas trop ce que cela signifie, mais l'idée semble être que vous attirez ce qui vous arrive.

Prétendre que les catastrophes résultent de la pensée négative d'une population, c'est entrer sur le terrain du fondamentalisme religieux: la Nouvelle-Orléans a été frappée de plein fouet à cause de sa population pécheresse; le tsunami qui a balayé l'Indonésie est attribuable à la barbarie de son peuple; les tours du World Trade Center se sont effondrées parce que l'Occident est trop libéral et que Dieu est mécontent. Nous avons entendu des chefs religieux extrémistes de diverses confessions faire de telles déclarations. Voilà un raisonnement dénué de raison, une pente sur laquelle nul d'entre nous ne devrait vouloir s'aventurer – pourtant, plusieurs des personnes que j'ai interrogées ont reconnu en confidence qu'elles trouvaient une certaine validité dans l'idée selon laquelle les Juifs auraient attiré l'holocauste, et les Noirs seraient responsables du racisme qui leur est témoigné.

En ce qui concerne les raisons de l'existence de la guerre, des querelles et de la cruauté de l'homme envers son semblable, un consensus semble se dégager parmi bon nombre des croyants que j'ai interrogés, consensus que John Demartini formule le plus clairement: «Il y a sept sphères distinctes dans toute société et dans tout individu: intellect, culture, vocation, finances, dimension sociale, spiritualité et santé. Chaque fois qu'une société ou une personne est privée de la maîtrise de l'un de ces domaines, elle se fait dominer. Si vous examinez une société vaincue, vous constaterez un manque de vigueur intellectuelle, professionnelle, financière ou physique. Prenez le cas de l'Afghanistan; les talibans ont pu s'emparer du pays parce que sa population manquait de pouvoir intellectuel, financier et social, et, de plus, était physiquement isolée.»

Mis à part les problèmes du monde, la négativité personnelle semble avoir une certaine valeur. L'auteur John Gray, participant du *Secret*, estime que la vie est faite de hauts et de bas, et qu'on n'a rien à gagner à prétendre le contraire: «Apprenez à reconnaître que vous avez une pensée négative et à passer à autre chose. C'est une discipline qu'il faut s'imposer.

Rappelez-vous aussi que quiconque a créé quelque chose a commencé par une pensée positive. Créer demande beaucoup de travail et d'efforts, oui, mais commence par une perspective optimiste, et beaucoup tiennent cela pour acquis.»

On m'a fait remarquer plus d'une fois que, même s'ils croient à la loi d'attraction, les conférenciers engagés dans *Le Secret* ne restent pas assis chez eux en attendant que la richesse leur tombe dans les mains. Tous sont des êtres motivés et travailleurs. John Demartini plaisante à peine lorsqu'il dit qu'il est en tournée de conférences «400 jours par an».

Ellen Langer fait remarquer que, lorsque les gens font un effort délibéré pour penser de manière positive, ils «ajoutent foi à la pensée négative». «Ce que vous qualifiez de positif, dit-elle, c'est quelque chose vers quoi vous êtes attiré sans y réfléchir; ce que vous qualifiez de négatif, c'est quelque chose dont vous vous éloignez sans y réfléchir.» Au lieu de qualifier les pensées de cette façon, elle recommande de ne pas juger bons ou mauvais les idées et les événements qui surviennent.

«Si je vous demandais si vous souhaitez rencontrer mon amie Susan et que je vous disais que c'est une femme très impulsive, explique Langer, vous percevriez l'adjectif "impulsive" comme quelque chose de négatif, et vous refuseriez peut-être de la voir. Si je vous disais qu'elle est spontanée, vous trouveriez peut-être cela attrayant, et vous seriez ravi de la rencontrer. Mais, dans ma bouche, les deux qualificatifs signifient à peu près la même chose. Tant que vous ne rencontrerez pas Susan, vous ne saurez pas si elle vaut la peine d'être connue. Plus vous avez l'esprit d'éveil, moins vous avez tendance à porter des jugements – il ne s'agit donc pas de choisir entre bon et mauvais. Tout dépend de la manière dont vous comprenez l'idée ou l'événement.

« Les gens disent pour la forme que tout est soit positif, soit négatif, ajoute-t-elle, mais ils savent bien que tout comporte des éléments positifs et des éléments négatifs. Byrne nuit à la cause en rebutant les gens avec l'idée selon laquelle aucune pensée négative n'est permise, parce que les pensées négatives anéantissent vos chances d'obtenir ce que vous voulez. Si vous voulez faire l'expérience de ce que nous considérons comme positif, il est essentiel d'éviter les évaluations. » Bien entendu, il faut bien préciser que cette théorie est surtout utile dans la culture occidentale. Elle serait très difficile à défendre dans le Darfour d'aujourd'hui ou dans l'Indonésie post-tsunami.

John Demartini, conférencier en spiritualité et professeur à Harvard, a, en ce qui concerne la question du positif/négatif, une approche semblable à celle de Langer, mais moins académique : « Nous avons des pensées négatives, dit-il, parce que nous sommes dépendants de fantasmes et des sentiments qu'ils nous inspirent – le fantasme de ce qu'est l'amour, de ce que devrait être la vie. Nous devenons maniaques quand nous voyons les gens ou les événements comme étant bons ou mauvais. Je ne trouve pas cela productif. Notre conscience ne peut jamais estimer que quelque chose est positif en l'absence d'une comparaison avec quelque chose de négatif. »

Dans son atelier *Expérience capitale*, Demartini recourt à une technique de neutralisation pour démontrer aux participants que ce qu'ils croient être positif ne l'est pas, et que ce qu'ils croient être négatif ne l'est pas non plus. Le jour de notre entrevue, Demartini m'a invitée à assister à un atelier qu'il donnait à New York. C'était mon premier atelier de croissance personnelle (bien que j'aie déjà fait des retraites à Dai Bosatsu Zendo, mais cela est très différent de ce qu'offre Demartini). Maintenant que j'ai vécu l'expérience, je sais pourquoi cette technique est efficace pour beaucoup d'individus.

Demartini ne le formule peut-être pas de cette manière, mais la mission du conférencier qu'il est consiste à aider les participants à ses ateliers à triompher d'eux-mêmes. Au lieu de les voir se complaire dans des émotions et expériences douloureuses qui nuisent à leur capacité d'atteindre leurs objectifs et de savourer la vie, il veut qu'ils sectionnent la mèche émotionnelle qui les lie aux personnes et événements du passé, afin qu'ils puissent enfin reconnaître leur existence avec sérénité, sans s'effondrer. Voilà un but admirable, puisque tant d'individus d'aujourd'hui concrétisent leur statut imaginaire de victime, lequel leur permet de blâmer les autres pour leurs propres défauts et échecs. Ainsi, nul besoin de réfléchir sur soi-même, ni d'assumer la responsabilité de son comportement. Si je ne trouve pas d'emploi, c'est à cause du racisme des autres. Je n'ai pas d'avancement au travail parce que mon patron ne m'aime pas. Je n'arrive pas à nouer une relation sentimentale satisfaisante parce que ma mère m'a maltraité. J'ai été adopté, alors mes rapports avec les autres sont complexes. Mes parents sont divorcés; j'ai donc le droit d'être égoïste. Et ainsi de suite. «Nous sommes essentiellement tous les mêmes», dit Demartini. La moitié de la bataille consiste à convaincre les gens que le fait de croire que leur situation est «spéciale» les fait stagner au lieu de progresser, et les empêche de vivre l'expérience optimale.

La démarche proposée par Demartini consiste en partie à passer des heures à coucher sur papier les bons et mauvais côtés de tous les événements, souvenirs et individus auxquels vous pouvez penser. Au bout d'un épuisant weekend d'écriture, vous êtes censé vous rendre compte que ce que vous croyiez simplement «bon» ou «mauvais» ne l'est pas. Durant ce travail, vous apprendrez à moins évaluer, comme le dirait Langer, ce qui vous arrive et, ce faisant, vous vous ouvrirez à plus d'expériences. Il est vrai que, en jugeant d'avance une situation ou une personne, nous nous fermons à une expérience et peut-être ratons-nous une belle occasion. Si c'est ce que prêche *Le Secret*, je suis tout à fait pour.

À tout le moins, la clé de la négativité semble résider dans la manière de la voir. Arielle Ford relate la parabole du fermier dont le fils est en bonne santé. Son voisin lui fait remarquer à quel point il a de la chance d'avoir un enfant si robuste. Le fermier lui répond : «Peut-être.» Par la suite, le jeune homme se casse la jambe, et le voisin tente de consoler le fermier : «C'est terrible cet accident!» «Peut-être», lui répond le fermier. Peu de temps après, le roi ordonne à tous les jeunes gens en bonne santé de s'enrôler dans son armée, qui devra mener une lutte sanglante contre l'ennemi. Le fils du fermier ne peut s'enrôler à cause de sa blessure. «Demandez à quiconque a vécu une crise grave, dit Ford; si cette personne est honnête, elle vous dira être contente d'avoir fait l'expérience de la souffrance.»

Selon John Gray, si vous traversez la vie en niant tout ce qui est négatif, il ne vous restera aucun «jus» pour créer. «Les gens qui voguent sur une mer calme sans que rien leur arrive ne font face à aucun défi. L'un des principes qui manquent au *Secret*, c'est que la vie ne vous apportera pas toujours ce que vous espérez. Vous devez vous préparer à être désappointé; cela fait partie de la vie.» Ce désappointement peut pousser une personne saine à accomplir de grandes choses. Le vrai secret d'une vie réussie, c'est peut-être d'apprendre à faire face au désappointement et à en tirer parti.

Darren E. Sherkat, professeur de sociologie à l'Université Southern Illinois de Carbondale, est spécialiste des mouvements sociaux et des religions. Il affirme qu'il faut tenir compte d'un autre aspect lorsqu'on parle des perspectives positive ou négative. Il y a une corrélation entre le fait d'être heureux et celui de commettre des erreurs d'ordre cognitif. «Les gens heureux se trompent souvent, explique Sherkat. Même si on leur donne l'information exacte, ils l'ignorent. C'est ce que l'on appelle une "erreur fondamentale d'attribution". Il s'agit d'une tendance à surestimer les causes internes des comportements observés chez les autres et à en sous-estimer les causes externes. Ce même type d'erreur cognitive se constate chez les individus très religieux. Ils ont tendance à ignorer systématiquement l'information qu'ils reçoivent ou à mal se rappeler les faits. Se comporter comme si les choses étaient positives alors qu'elles sont négatives est une idée idiote, qui est néfaste dans le monde réel. Elle n'aide pas les individus à accepter sereinement leur situation.»

C'est en forgeant... : Laura Smith

Ça suffit pour la théorie. Il y a des gens qui vivent la loi d'attraction et qui ne jurent que par elle. Certains les qualifieront peut-être d'optimistes gagneurs. Laura Smith, directrice de la programmation de Lime Radio, entreprise multimédia se consacrant à la santé et au mieux-être à New York, est l'une de ces personnes.

«*Le Secret* est la version contemporaine d'une pensée très ancienne, dit Smith, qui s'est engagée sur la voie de la pensée nouvelle dès sa sortie de l'université. À Grand Central Station, j'ai trouvé un dépliant de science chrétienne où j'ai lu qu'il y a dans la vie de chacun de nous une force opérante qui n'est que bonne, et que nous avons tous le pouvoir de faire des miracles.» C'est cette découverte qui a éveillé chez Smith un intérêt pour la métaphysique, ce qui l'a amenée à l'œuvre de Louise Hay et à celle d'Esther et Jerry Hicks. Smith a fini par se trouver au Love Center, en Californie, qui se décrit comme étant une organisation éducative à but non lucratif vouée à la conscience de l'amour. Ses fondateurs, Scott et Shannon Peck, ont demandé à Smith de rédiger une description très détaillée de l'idée qu'elle se faisait d'une journée parfaite, en précisant ce qu'elle ferait, où elle irait et avec qui elle parlerait. «Cet exercice, se souvient-elle, m'a forcée à être très claire au sujet de ce que je voulais. C'était il y a cinq ans; aujourd'hui, quand je relis ma description, je me rends compte que c'est ma vie. Je travaille dans un gratte-ciel de New York à la création de médias qui apportent la guérison au monde – et il y a cinq ans, ce type de médias n'existait même pas.»

Smith a été lectrice hors champ pendant 20 ans avant de faire de la radio communautaire à Greenwich, au Connecticut. «Tout ce que j'ai appris à cette chaîne m'a conduite à ce stade de ma carrière. J'ignorais à l'époque où j'ai décrit ce que serait pour moi une journée parfaite que cet exercice serait pour moi le tremplin qui me propulserait là où je suis aujourd'hui.» Pendant qu'elle travaillait à Greenwich, Smith a appris par hasard l'existence d'une entreprise, Wisdom Radio, située à Bluefield, en Virginie-Occidentale. Elle a décroché un poste dans cette entreprise, qui a plus tard été rachetée par des investisseurs qui l'ont rebaptisée Lime, afin de rejoindre un plus vaste auditoire. La radio par satellite Sirius diffuse aujourd'hui la programmation de Lime à partir de Manhattan.

Smith affirme que sa description détaillée était si juste que, au moment d'entrer dans le bureau de sa supérieure à

Lime Radio, elle s'est rendu compte que cette pièce correspondait exactement à sa description.

La directrice de programmation ajoute que les affirmations écrites aussi l'ont aidée à atteindre son but: «J'ai lu quelque part que le fait d'écrire au temps présent ce que l'on veut et de le relire de nombreuses fois durant la journée contribue à la concrétisation des souhaits.» À cette époque, son but était de quitter le Connecticut et de déménager à New York pour y être disc-jockey. «J'ai donc écrit "Je travaille à LITE FM et j'adore cela"», dit-elle. Et elle a décroché le poste à LITE FM, où l'on peut encore l'entendre le week-end. «Je suppose qu'il y avait des centaines de candidats pour le poste», ajoute-t-elle. On est en droit de se demander ce qui a pu la distinguer des autres. Peu de temps après, elle a rédigé des affirmations à propos de son engagement chez Sirius, et ce désir-là aussi s'est matérialisé. «J'ai toujours été très précise dans mes souhaits et j'écris ce que mon cœur me dicte, explique-t-elle. C'est une déclaration que je fais à l'univers, et qui est vue par le monde invisible. Je crois fermement à cela et je pense que cela m'aide à réaliser mes rêves.»

Les affirmations l'ont peut-être aidée à transmettre à son interviewer les vibrations d'assurance dont parlait plus tôt Howard Brody. Bien entendu, le dynamisme, l'enthousiasme et l'énergie de Smith sont manifestes lorsqu'on l'écoute, ce qui n'est pas rien pour quelqu'un qui vogue sur les eaux souvent tumultueuses de l'industrie du spectacle et qui est chef d'une famille monoparentale. Son attitude lui donne un avantage certain sur la concurrence, et l'on peut difficilement prétendre que ses croyances, affirmations et pensées n'ont pas joué un certain rôle dans sa réussite et dans son bonheur.

Elle – pour qui les nuances de la loi d'attraction sont parfaitement familières – considère l'absence de deux idées essentielles comme le plus grand défaut du *Secret*. La première idée manquante, c'est la nécessité de se libérer de son rêve une fois qu'on a demandé qu'il se concrétise. «Il faut demander, croire, obtenir, puis lâcher prise. C'est ce que disent la plupart des autres ouvrages sur le sujet, et cela ne figure pas dans celui de Rhonda.» Certains psychologues qualifient de «rumination excessive» ce refus de lâcher prise – cette manie de ressasser une idée à tel point qu'elle finit par nuire à votre capacité de passer à l'action.

Comme seconde idée manquante, Smith rappelle à chacun de pratiquer la loi d'attraction pour le plus grand bien de tous. «La loi existe pour que vous en tiriez parti, mais on dirait que, [dans *Le Secret*], son effet sur les autres ne compte pas. Il n'y a rien de mal à vouloir qu'un rêve de bicyclette se matérialise, mais il ne s'agit pas simplement d'obtenir ce que l'on veut. Vous pouvez dire à votre enfant de souhaiter qu'une bicyclette se concrétise dans sa vie, mais cela ne doit pas l'enlever à quelqu'un d'autre. L'ouvrage devrait donc préciser que l'obtention de quelque chose ne doit pas se faire aux dépens de quelqu'un d'autre. Par ailleurs, je suis heureuse pour ceux qui, ayant oublié que la vie est belle, trouvent du réconfort dans *Le Secret*. Tellement de gens croient à tort que le bonheur, c'est pour les autres!»

Alors, est-ce que ça fonctionne?

La réponse est oui… pour ceux qui disent que ça fonctionne, tout comme le christianisme fonctionne pour les chrétiens, le judaïsme pour les juifs, le yoga pour les yogis et la wicca pour les wiccans. Pour le reste d'entre nous, grincheux compris, il n'y a pas d'absolu – notre comportement, sinon nos pensées et nos perceptions, attire et repousse les choses, les personnes et les événements. Observer avec plus d'attention ce qui se passe dans nos vies n'est pas une mauvaise idée. Quoi qu'il en soit, le cerveau est capable de bien plus que ce dont nous parlons ici (nous explorerons cela en surface au chapitre 5). Mais il y a quelques secrets qui vous rendront la vie meilleure, sans vous transformer en fou du roi :

1. Acceptez vos défauts sans vous y attarder indûment.
2. Adoptez une perspective optimiste, ce qui n'est pas la même chose que penser de manière positive.
3. Restez réaliste ; ne vivez pas dans un monde fantasmatique.
4. Soyez reconnaissant pour ce que vous avez.
5. Ne jugez pas à l'avance les gens ou les situations.
6. Observez ce qui se passe autour de vous.
7. Réalisez vos rêves raisonnables en agissant de manière à les réaliser.
8. Relaxez-vous.
9. Entretenez votre réseau social.
10. Prenez soin de vous et des autres.
11. Riez.

DEUXIÈME PARTIE

Les idées qui sous-tendent
Le Secret

N otre étude des notions philosophiques, scientifiques et
théologiques sur lesquelles se fonde la loi d'attraction
est loin d'être exhaustive. Dans la présente partie, nous
examinerons les bribes de théories, de principes physiques et
de religions diverses qui composent un patchwork inspiré de
l'ancienne littérature de croissance personnelle ; les interprétations erronées et la contextualisation de concepts scientifiques
et mathématiques complexes ; ainsi que la transformation de
croyances religieuses, de dogmes difficiles à avaler en délicieux
bonbons anodins.

Rhonda Byrne a eu l'idée d'écrire *Le Secret* après avoir lu
l'ouvrage que Wallace D. Wattles a publié en 1910, *La Science
de l'enrichissement*. Comme nous ne savons à peu près rien
de Wattles, nous ne pouvons que nous en remettre à ses
écrits et à ce qui se passait aux États-Unis à cette époque.

Wattles était un homme bien de son temps. Il écrivait sur
la pensée nouvelle, sujet familier à d'autres auteurs de son
époque. La pensée nouvelle amalgamait la philosophie et les
progrès scientifiques d'alors, afin de mettre de l'avant l'idée

selon laquelle la bonne santé, la richesse et le bonheur pouvaient s'obtenir grâce à la maîtrise des croyances, conscientes ou non, des attitudes et des attentes – c'est-à-dire grâce à la loi d'attraction. Cette idée est revenue à la mode durant la grande crise économique des années 1930 – qui a vu naître tout un nouveau groupe d'auteurs et de lecteurs, parmi lesquels ressort surtout Napoleon Hill avec son classique *Réfléchissez et devenez riche*, l'un des best-sellers de tous les temps –, ainsi que durant les années 1960 et 1980, et aujourd'hui, bien entendu. Mais la pensée nouvelle date du début du XIXe siècle et n'a guère changé depuis.

On fait souvent appel à la science – plus particulièrement à la physique, à la biologie cellulaire et aux neurosciences – pour prouver que la loi d'attraction est une loi universelle ou une loi de la physique. Pourtant, même les physiciens qui ont participé au *Secret* ont clarifié l'interprétation que l'on a faite de leur position sur le sujet. Certains d'entre eux ne voient aucun rapport entre la physique et la capacité de se trouver une place de stationnement au centre-ville quand on en a besoin. *Le Secret* fait également appel au christianisme, au bouddhisme et au judaïsme pour étayer ses affirmations. Même si Byrne limite ses références à la Bible ou au Christ, peut-être pour ne pas rebuter les agnostiques, la loi d'attraction est par nature très biblique. Elle a aussi des liens fort ténus avec les interprétations occidentales contemporaines de la philosophie bouddhiste, du mysticisme juif et de la kabbale.

CHAPITRE 4

Wallace Wattles & Cie

L*a Science de l'enrichissement* de Wallace D. Wattles a donné à Rhonda Byrne une idée dont le résultat aurait sans doute plu à Wattles s'il avait été témoin du succès du *Secret*. Les ouvrages de Wattles sont encore en vente en librairie (on les trouve même gratuitement sur Internet : www.ferguson-assoc.com), ce qui dément la prétention voulant que la loi d'attraction ait été quelque chose de caché et de réservé à certains.

Les théories de Wattles s'inscrivaient dans un mouvement de pensée fondé sur la science et sur le pouvoir du mental, lequel mouvement se manifestait non seulement aux États-Unis, mais aussi dans toute l'Europe de la fin du XIXe siècle et du début du XXe. L'attrait du mouvement a crû et décru au fil des ans, mais son thème central, la loi d'attraction, a été l'un des pivots du nouvel âge et du mouvement métaphysique depuis de nombreuses années. Wattles, dont l'idée n'était pas originale, est un tout petit peu redevable à Benjamin Franklin et à William James, dont j'ai parlé au chapitre 2. La loi d'attraction, en particulier, plonge aussi ses racines dans les idées plus nouvelles qui sont apparues durant les époques d'incertitude et d'évolution rapide qui ont caractérisé à la fois la révolution industrielle et la Première Guerre mondiale.

Wattles : homme de mystère

Si la loi d'attraction n'a jamais été un secret, on ne peut en dire autant de la biographie de Wallace Wattles. Malgré la popularité de ses livres, l'homme est resté dans l'ombre. La seule photo de lui, largement diffusée sur Internet, est celle d'un homme au visage étroit et à l'appendice nasal démesuré. Selon une lettre que sa fille Florence a écrite à l'éditeur après la mort de l'auteur, celui-ci serait né méthodiste en 1860, avait une santé fragile, surtout à l'âge adulte, et est mort en 1911, un an seulement après la publication de *La Science de l'enrichissement*. Originaire du Midwest américain, il s'était établi en Indiana.

Le patronyme Wattles n'est pas très répandu. Aujourd'hui, le site whitepages.com énumère 293 Wattles, éparpillés un peu partout aux États-Unis. N'importe laquelle de ces personnes pourrait avoir un lien de parenté avec Wally, comme l'appellent ses fans. Vu le récent intérêt manifesté pour les livres de Wattles, il ne serait pas étonnant que certaines d'entre elles surgissent de nulle part pour réclamer une part du pactole.

On ne trouve dans LexisNexis, ProQuest ou les archives historiques du *New York Times* aucun article de journal de l'époque de Wattles qui parle de lui. Ce vide laisse croire que Wattles n'était pas particulièrement connu dans le mouvement de la science de l'esprit, puisque le *Times* couvrait le circuit des conférences et ne manquait jamais d'en détailler les conférenciers et les participants. Aucune entrée ne lui est accordée non plus dans les nouvelles et anciennes versions

d'*Encyclopedia Britannica* et de *Columbia Encyclopedia*.
Chez les mormons, qu'a rendus célèbres leur extraordinaire
collection de données généalogiques, aucune trace de Wallace
Wattles ni de sa fille Florence. Les mormons s'intéressent à
la généalogie pour des raisons théologiques. Ils croient
qu'aider les mormons et les autres à conserver des registres
familiaux est une mission religieuse. Ce travail titanesque a
abouti à la création à Salt Lake City de la bibliothèque d'histoire familiale, laquelle compte environ huit milliards de
noms; c'est la plus vaste collection de registres généalogiques
de la planète. C'est pourquoi il est étrange que les mormons
aient manqué 2 Américains nés il y a plus de 100 ans, d'autant
plus que l'un a écrit des livres qui se vendent encore
aujourd'hui et que l'autre était active au sein du Parti socialiste. Je n'ai pas trouvé d'acte de naissance, ni aucun registre
officiel confirmant qu'il a existé. Cependant, le nom de
Florence Wattles figure sur les listes de délégués au Comité
national du Parti socialiste en 1912 et en 1915. Il semble évident qu'il s'agit de la fille de Wallace Wattles, comme nous le
verrons plus tard.

Wattles : libéral de salon ?

Dans l'introduction de *La Science de l'enrichissement*, Wattles
dit que Descartes, Spinoza, Leibniz, Schopenhauer, Hegel et
Emerson ont influencé sa pensée. Il se peut qu'il les ait lus,
mais il se trouve que c'est une initiation au socialisme chrétien
qui l'a initialement poussé à écrire. Dans le socialisme chrétien, les principes chrétiens et les principes politiques de gauche
fusionnent, l'objectif étant l'avènement d'un ordre social éga-
litaire et contestataire. C'est un mouvement anticapitaliste,

ce qui est fort ironique puisque le livre le plus populaire de Wattles porte sur l'accumulation de la richesse. Plus para-doxal encore, après une longue période de quasi-ruine, Wattles aurait, selon Florence, gagné beaucoup d'argent durant les trois dernières années de sa vie à donner des confé-rences, à écrire et à vendre ses livres.

« Pendant des années, écrit-elle, sa vie a été marquée par la pauvreté et par la crainte de la pauvreté. Il était toujours en train d'intriguer et de faire des plans afin d'obtenir pour sa famille les choses qui rendent possible la vie d'abon-dance. » Pauvre comme Job et désespérant de trouver un peu d'inspiration pour mettre la chance de son côté, un jour de décembre 1896, Wattles s'est rendu à un congrès de réforma-teurs à Chicago pour entendre George D. Herron, un confé-rencier bien connu. Selon Florence, c'est là qu'il a « saisi la vision sociale de Herron ». « À partir de ce jour, ajoute-t-elle, jusqu'à sa mort il n'a eu de cesse de réaliser une glorieuse vision de la fraternité humaine. »

Herron, ministre du culte et membre du Parti socialiste, est l'auteur de nombreux livres et opuscules sur des enjeux de société et de religion, dont *The Christian State: A Political Vision of Christ* (1895, réimpression de 2001 vendue par Ama-zon), *The Menace of Peace* (1917) et *The Defeat in the Victory* (1921). Herron a également financé les premiers écrits d'Upton Sinclair, qui a été membre du Parti socialiste jusqu'en 1934.

Herron a commencé sa carrière comme pasteur de la Congregational Church de Lake City, au Minnesota, avant de déménager en Iowa où il a pris les rênes de la First Congrega-tional Church de Burlington. En 1893, Carrie Rand, cofonda-trice de la Rand School et socialiste active, s'est liée d'amitié avec Herron, qu'elle a fini par épouser après qu'il a eu divorcé de sa première femme. Elle lui a ensuite procuré une chaire de christianisme au Iowa College. Herron y a fait partie du corps enseignant jusqu'à sa démission forcée en 1900 – l'administration de l'Université ne pouvant plus supporter ses activités socialistes. Peu après son départ, Herron a renoncé au socialisme chrétien et est devenu membre du Parti socialiste.

Selon l'ouvrage de Robert M. Crunden, *Ministers of Reform : The Progressives' Achievement in American Civilization, 1889–1920,* Herron « était probablement le pasteur réformateur le plus célèbre de son temps, et certainement la voix la plus connue de la réforme au sein de l'Église ». Selon Crunden, la religion constituait à la fin du xixe siècle la « force motivant la pensée audacieuse » dans les affaires temporelles. Lorsque le très démuni Wattles a écouté Herron, il l'a peut-être entendu lui suggérer les idées inspirées par Hegel qu'il présente dans *The Christian State :*

> Seul le spirituel est réel et éternel.

> La conscience de son propre esprit et de ses pouvoirs se voit transcendée par la conscience d'une intelligence universelle unique qui règne dans tous les hommes et qui fait d'eux les éléments d'un tout, et l'humanité devient alors un corps de Dieu.

> Il me suffira de faire appel à votre intelligence de l'histoire, à votre conscience de votre monde intérieur et à votre observation du monde extérieur pour vous faire reconnaître avec moi que le gouvernement du monde est beaucoup moins institutionnalisé qu'on le croit généralement.

> Toute interprétation scientifique de l'histoire et toute analyse rigoureuse du progrès ne peuvent que corroborer l'existence d'un gouvernement invisible du monde.

Quoi qu'il en soit, Florence a déclaré que son père était conquis : «La foi suprême de l'homme ne l'a jamais quitté. Jamais il n'a cessé de croire au pouvoir que possède l'Intelligence première de redresser tous les torts, et de donner à chaque homme et à chaque femme sa juste part des bonnes choses de la vie.»

Du socialisme à la pensée nouvelle

Après s'être imprégné du socialisme chrétien, Wattles a déménagé à Elwood, en Indiana, où il a adhéré au mouvement de la pensée nouvelle et commencé à écrire régulièrement pour l'une des principales revues de l'époque en la matière, *Nautilus*.

La pensée nouvelle et le socialisme chrétien étaient contemporains et vaguement parents. La pensée nouvelle mettait l'accent sur la recherche de la santé, de la richesse et du bonheur par la maîtrise des croyances, conscientes et inconscientes, des attitudes et des attentes – c'est-à-dire par la loi d'attraction. Sarah J. Farmer, l'un des premiers leaders du mouvement de la pensée nouvelle, écrit au sujet de celui-ci : «Il s'agit simplement de nous placer dans un nouveau rapport au monde qui nous entoure en changeant la manière dont nous y pensons. Nous ne sommes pas des créatures des circonstances ; nous sommes créateurs.» C'étaient là des propos fort invitants pour le commun des mortels qui voulait avoir droit lui aussi à l'incroyable richesse que des gens comme Jim Fisk, Jay Gould et Cornelius Vanderbilt semblaient avoir obtenue sans trop d'efforts.

Dans *Each Mind a Kingdom : Women, Sexual Purity, and the New Thought Movement, 1975–1920*, l'auteur, Beryl

Satter, qui ne mentionne pas le nom de Wattles dans son livre, écrit que, dans la vision des réformateurs de la pensée nouvelle, «le gouvernement ne pouvait exister que si l'ensemble des habitants étaient vertueux, avaient l'esprit de sacrifice et étaient financièrement indépendants (donc incorruptibles)». Satter voit aussi la pensée nouvelle comme un moyen pour ses adeptes principalement blancs et de classe moyenne (et de sexe féminin) d'atteindre la perfection de la race : «[Ces adeptes] croyaient que des personnes parfaites sur les plans moral et physique sauveraient la République de la ruine morale, politique et économique.» Cela s'explique par le fait que, entre 1866 et 1912, les États-Unis ont accueilli plus de 25 millions de nouveaux arrivants, en provenance principalement d'Europe, au cours de l'une des plus grandes vagues d'immigration qu'ait connues le pays. À cette époque, comme aujourd'hui, l'arrivée d'étrangers provoquait une vive réaction de malaise dans une bonne partie de la classe moyenne.

Le mouvement de la pensée nouvelle n'avait en soi rien de secret. En fait, le marketing enthousiaste des idées qu'il véhiculait par l'intermédiaire des magazines, journaux, dépliants, démonstrations publiques et conférences rappelle les techniques mises en œuvre par les conférenciers en spiritualité d'aujourd'hui. Les auteurs de la pensée nouvelle répandaient la bonne parole pour convertir leurs lecteurs, mais aussi pour gagner de l'argent. Ils voulaient évidemment que leurs idées soient connues. Florence Wattles écrit que, pendant tout un temps, les conférences dominicales de son père à Indianapolis ont constitué la seule source de revenus de sa famille. Il n'aurait pas été très payant pour Wattles de garder pour lui ses prodigieuses connaissances.

Pensée nouvelle et vieilles idées

Bon nombre des idées maîtresses du mouvement de la pensée nouvelle sont généralement attribuées à Phineas Parkhurst Quimby, né au New Hampshire d'un père forgeron et demeurant dans le Maine. Quimby croyait que l'esprit et le corps agissent l'un sur l'autre, idée considérée comme radicale et folle à l'époque, mais aujourd'hui tenue pour acquise. Il affirmait aussi que les croyances étaient une cause de maladie physique aussi importante que les facteurs biologiques, sinon plus.

> Toute maladie est une invention de l'homme et n'a aucune identité pour le sage ; mais elle est une vérité pour ceux qui y croient. Si tout ce que l'homme ne comprend pas disparaissait, que resterait-il de lui ? Serait-il dans une situation meilleure ou pire si les neuf dixièmes de tout ce qu'il croit savoir étaient effacés de son esprit et qu'il n'existait qu'avec ce qui est vrai ?

Quatre personnes ont contribué à propager les théories de Quimby, qu'elles ont baptisées la «pensée nouvelle» ou le «penser nouveau»: Warren Felt Evans, Annetta Seabury Dresser, Julius Dresser et la fondatrice du mouvement de la science chrétienne, Mary Baker Eddy (dont nous reparlerons plus en détail au chapitre 6). Julius et Annetta Dresser, ainsi que Mary Baker Eddy (née Mary Patterson), ont reçu de Quimby le traitement de «guérison mentale»; c'est ainsi qu'ils se sont rencontrés. (Quimby et les autres ont été influencés par Emanuel Swedenborg, scientifique et philosophe suédois du XVIIIe siècle.)

D'autres guides de croissance personnelle étaient actifs presque à la même époque que le groupe de la pensée nouvelle. Orison Swett Marden, lui aussi originaire de Nouvelle-Angleterre, a écrit de nombreux ouvrages de croissance personnelle, dont *Pushing to the Front* (1894) et *How to Get What You Want* (1917). En 1897, il a fondé le magazine de la pensée nouvelle *Success*, qui a cessé d'être publié en 1912, et recommencé à l'être en 1918. La première incarnation du magazine avait un tirage de 500 000 exemplaires, ce qui était énorme pour l'époque. Marden était influencé par Samuel Smiles, un Écossais qui avait écrit en 1859 un livre intitulé *Self-Help*, lequel mettait de l'avant l'idée de l'accomplissement personnel. Smiles a publié d'autres livres sur diverses vertus : *Character, Thrift, Duty* et *Life and Labour*.

Dans la première incarnation du magazine *Success* se mêlaient pensée nouvelle, science et religion ; on y trouvait des astuces pour gagner de l'argent, on y parlait d'étiquette, de mode et d'hygiène, et on y donnait des conseils à la femme moderne qui n'arrivait pas à décider s'il valait ou non la peine de travailler quand elle n'avait pas besoin d'argent. Par exemple, on pouvait lire les articles suivants dans le numéro de février 1904 : « Comment Wall Street fait quelque chose à partir de rien » (sous-titre : « Comment certains trusts éminents ont éclaté à cause d'une dilution excessive et de titres indigestes, et comment un public pas très malin en a fait les frais »), de David Graham Phillips ; « La supériorité : la meilleure des marques de commerce », d'Orison Swett Marden ; et « Un appel aux bonnes manières », de Mᵐᵉ Burton Kingsland. Dans le numéro de juillet 1903 étaient publiés ces articles : « Requiem pour les *has-been* », d'Owne Kildare ; « L'habitude de ne pas se sentir bien », d'Orison Swett Marden ; et « Suggestions vestimentaires », de Marion Bell.

Nautilus a été une autre grande revue de la pensée populaire, publiée du début du xxᵉ siècle jusqu'au début des
années 1950 par Mᵐᵉ Elizabeth Struble (qui deviendra plus
tard Elizabeth Towne). Selon sa notice nécrologique publiée
dans *The New York Times* (2 juin 1960), le magazine a atteint
au sommet de sa popularité un tirage de 90 000 exemplaires.
Originaire de l'Oregon, Elizabeth Struble s'est trouvée
mère célibataire après l'éclatement d'un mariage de jeunesse.
Elle ne manquait certainement pas de cran. En 1898, grâce à
un investissement de 30 $, elle lance une petite publication
sur la pensée nouvelle, *Nautilus*, afin d'arrondir les fins de
mois de sa famille. En 1900, elle et ses deux enfants démé-
nagent à Holyoke, au Massachusetts. C'est là qu'elle rencon-
trera et épousera William E. Towne, prospère éditeur et
distributeur de livres et de magazines. Grâce à son appui
financier, elle fondera une maison d'édition rentable sur la
pensée nouvelle.

Elizabeth Towne a attiré dans les pages de son magazine
bon nombre des plumes les plus célèbres de la pensée nouvelle. *Nautilus* a publié des articles de Wallace Wattles dans
presque tous ses numéros du début des années 1900, dans
lesquels figurent aussi les signatures d'Ella Wheeler Wilcox,
de Horatio W. Dresser (fils d'Annetta et de Julius) et d'Orison
Swett Marden. Elle a aussi distribué les ouvrages d'auteurs
de la pensée nouvelle, un peu comme le fait aujourd'hui Hay
House ou Beyond Words (éditeur du *Secret* et propriété de
Simon & Schuster).

Elizabeth Towne a elle-même écrit plusieurs livres. Son
autobiographie de 1902, *Experiences in Self-Healing*, qui ne
couvre qu'une vingtaine d'années d'une vie incontestable-
ment remarquable, s'est vendue à 100 000 exemplaires –
tirage considéré même aujourd'hui comme excellent. *Joy*

Philosophy, publié en 1903, contient le passage suivant, qui révèle des liens évidents avec la loi d'attraction :

> C'est dans cette alternance de l'Être et du Faire – ce passage du JE SUIS au JE FAIS – que réside le secret du pouvoir, du progrès et de la réussite. C'est la respiration de l'âme. Vous inhalez dans le monde du JE SUIS et vous exhalez dans celui du JE FAIS. Plus le rythme de cette alternance sera aisé et régulier, plus complète sera votre réalisation d'une bonne santé et de la réussite.
>
> Dès que vous éprouvez le sentiment de fatigue et d'échec qu'entraîne une exhalation excessive dans le monde du JE FAIS, élevez-vous dans le royaume du JE SUIS et, par la force de l'imagination et de l'affirmation, remplissez-vous du pouvoir du JE SUIS.
>
> JE SUIS sagesse. JE SUIS amour. JE SUIS ce que je souhaite être. TOUTES les Choses travaillent à l'unisson pour que se concrétise ce que JE SUIS.

Towne était une féministe et une célébrité qui s'est créée elle-même. Non seulement elle a assuré la subsistance de sa famille pendant plusieurs années grâce à ses petites publications sur la pensée nouvelle, mais elle a été l'âme et le moteur de l'entreprise qui portait son nom : Elizabeth Towne Company, fondée bien avant la ratification du Dix-neuvième Amendement en 1920. Conférencière infatigable, elle a participé à d'innombrables assemblées sur la pensée nouvelle. Le 2 juillet 1905, le *New York Times* rapportait que Towne prononcerait une allocution intitulée « La source de la réussite en nous » au cours de l'assemblée annuelle de la Ligue américaine des femmes d'affaires qui aurait lieu à l'hôtel Endicott de Manhattan. Elle a été présidente de l'International New Thought Alliance en 1924. Durant sa présidence, elle a doublé le nombre de pages du *Bulletin* de l'Alliance, dont elle était éditrice, qui est devenu un magazine de 32 pages. En 1928, on a pu lire dans le *New York Times* que Towne se présentait à la mairie de Holyoke. Si elle était élue, elle promettait de restaurer la primauté de l'intérêt public sur l'intérêt financier de la petite clique qui en avait fait peu de cas au sein de toutes les administrations municipales dont elle se souvenait. Elle affirmait avec assurance : « [...] le seul espoir que nous ayons d'assainir les mœurs politiques est de porter au pouvoir la femme indépendante, pragmatique et politiquement compétente de Holyoke qui se présente, c'est-à-dire Elizabeth Towne. » Elle n'a pas été élue. Towne, qui a dirigé le magazine *Nautilus* jusqu'en 1951, est décédée dans une maison de santé de Holyoke le 1er juin 1960, à l'âge de 95 ans.

Dans *Le Secret* et dans la pensée nouvelle

Dans *Le Secret*, Byrne présente le profil et des citations d'autres auteurs populaires de la pensée nouvelle : Charles Haanel (1866–1949) ; Genevieve Behrend (c. 1881–1960) ; Robert Collier (1885–1950) ; et le précurseur Prentice Mulford (1834–1891). Comme les auteurs et conférenciers contemporains spécialisés en métaphysique, ces gens mettaient de l'avant des idées semblables et s'efforçaient de rejoindre le maximum de gens en donnant des conférences et en vendant des opuscules. Les allocutions à entrée libre étaient souvent pour eux des occasions de vendre des publications à l'arrière de la salle et de se forger une personnalité dans l'esprit du public, stratégie encore à la mode aujourd'hui. Dans les brefs extraits de leurs œuvres que je reproduis ici, on constate la similarité de la pensée qui prévalait chez eux et chez les auteurs contemporains spécialisés en métaphysique. En fait, beaucoup d'auteurs ont simplement repris ces anciens ouvrages et y ont apposé leur nom.

Certains de ces ouvrages, dont ceux de Wattles, sont tombés dans l'oubli au fil des ans, non pas à la suite d'une conspiration qu'on aurait fomentée pour en garder l'information secrète, mais à cause d'un désintérêt cyclique. Franchement, aucun de ces auteurs, sauf peut-être Mulford, n'a jamais été considéré à son époque comme un écrivain ou un penseur important. Ils étaient vus comme faisant partie d'une tendance qui s'est révélée passagère, comme le sont beaucoup de tendances. Heureusement pour eux, beaucoup de ces livres ont été réédités aujourd'hui, et certains sont accessibles gratuitement sur Internet.

Lorsque Byrne affirme dans *Le Secret* que l'information sur la loi d'attraction était très coûteuse, elle fait sans doute référence à *Master Key System*, le programme de Charles Haanel réparti sur 24 semaines, publié initialement en 1912, et qui coûtait alors 1500 $ – somme énorme à l'époque. Aujourd'hui, on en trouve une version gratuite sur Internet (www.psitek.net/pages/PsiTekTMKSContents.html) et on peut l'acheter sous forme de livre à Amazon pour environ 15 $. En 1922, Haanel a publié *Mental Chemistry*, qui comprend des chapitres sur la manière de «suggérer» à la maladie et à la douleur de quitter votre vie, et sur l'influence que peut avoir votre esprit sur la chance et sur votre destin.

Haanel, homme d'affaires prospère, est né à Ann Arbor, au Michigan, le 22 mai 1866. Un jour, il s'est rendu au Mexique et a convaincu des investisseurs d'acheter des terrains à Tehuantepec pour y installer des plantations de canne à sucre et de caféiers. L'entreprise a été créée en 1898, et il en a été désigné président. En 1905, elle a fusionné avec six autres, donnant ainsi naissance à la Continental Commercial Company. Haanel a aussi participé à la création de la Sacramento Valley Improvement Company, a été propriétaire d'un grand vignoble de cépage tokay et a été président de la Mexico Gold & Silver Mining Company. Contrairement au socialiste chrétien William Wattles, Haanel était républicain. Pourtant, ils ont tous deux été attirés par la pensée nouvelle et s'en sont servis comme principe d'enrichissement. La pensée nouvelle opérait tous les rapprochements, même politiques. Haanel a écrit plusieurs opuscules et ouvrages sur la pensée nouvelle, dont *The New Psychology* et *The Amazing Secrets of the Yogi*. Son *Master Key System* reste le plus célèbre, et l'idée de vendre l'information par abonnement de 24 semaines était un coup génial de marketing.

Dans la leçon 4 du *Master Key System*, il écrit :

> La pensée est énergie, et l'énergie est pouvoir. Et c'est parce que toutes les religions, sciences et philosophies qu'a connues le monde jusqu'à présent ont été fondées sur la manifestation de cette énergie, plutôt que sur l'énergie elle-même, que le monde s'est limité aux effets, tandis que les causes ont été ignorées ou mal comprises. C'est pour cette raison que nous avons Dieu et diable en religion, positif et négatif en science, et bon et mauvais en philosophie.

Genevieve Behrend, autre auteur populaire de la pensée nouvelle citée à titre d'experte dans *Le Secret*, a été l'étudiante de Thomas Troward (1847–1916), adepte de la science mentale originaire d'Inde, où son père, un Anglais, était colonel dans l'armée indienne. Troward a écrit pour une publication anglaise traitant de la pensée nouvelle, intitulée *Expressions*, et a prononcé des conférences sur la science mentale dans tout le Royaume-Uni. William James, psychologue et professeur à Harvard, connaissait bien l'œuvre de Troward et a déclaré que ses conférences d'Édimbourg sur la science mentale étaient « de loin la formulation philosophique la plus brillante [qu'il ait vue], magnifique dans sa clarté soutenue de pensée et de style, une formulation véritablement classique ».

Behrend a étudié auprès de Troward pendant deux ou trois ans. Ensuite, vers 1915, elle a fondé à New York une école de pensée nouvelle qu'elle a appelée School of the Builders, et qui a été ouverte jusqu'en 1925. Elle a par la suite fondé une école semblable à Los Angeles. Pendant les 35 années qui ont suivi, elle a parcouru les États-Unis comme conférencière itinérante à temps plein sur la science mentale et la pensée nouvelle. Son premier ouvrage, *Your Invisible Power*, publié en 1921, est toujours en vente. Comptant moins de 100 pages, il contient notamment des chapitres intitulés *Comment attirer vers vous les choses que vous désirez* et *Comment j'ai attiré vers moi vingt mille dollars*. Dans ce dernier, elle écrit :

> Le pouvoir en vous qui vous permet d'imaginer une image est le point de départ de tout ce qui existe. Dans son état originel, c'est la substance vitale informe et non différenciée. Votre image mentale constitue le moule (en quelque sorte) dans lequel

cette substance informe prend forme [...] La joyeuse assurance avec laquelle vous suscitez votre image est un aimant extrêmement puissant de la Foi que rien ne peut oblitérer. Vous êtes plus heureux que jamais, parce que vous avez appris où se trouve la source de tout ce que vous voulez et que vous êtes certain qu'elle répondra toujours à vos ordres.

Joe Vitale, l'un des experts contemporains figurant dans *Le Secret*, a republié l'un des ouvrages de Behrend, *Attaining Your Desires by Letting Your Subconscious Mind Work for You*, dont il a légèrement modifié le titre en *How to Attain Your Desires by Letting Your Subconscious Mind Work for You, Vol. 1*. La première ligne de la quatrième de couverture claironne : « Un fougueux auteur texan redonne vie à une morte ». Sous cette ligne, Vitale est décrit comme étant un « rédacteur publicitaire de renommée mondiale » qui a mis au point la méthode d'« écriture hypnotique » – censée donner des lettres et du matériel de marketing efficaces.

Dans l'introduction du livre originel, Behrend écrit :

> Le pouvoir de la pensée, royaume de Dieu en nous, donne toujours des résultats dans nos formes physiques qui correspondent à notre pensée soutenue normalement. Comme Troward l'a dit : « La pensée est la seule action de l'esprit. Avec vos pensées habituelles, vous créez des conditions physiques externes correspondantes, parce que vous créez dès lors le noyau

qui attire vers lui sa propre correspondance, jusqu'à ce que l'œuvre finie se manifeste sur le plan matériel.» C'est là le principe sur lequel nous établirons une base simple et rationnelle de pensée et d'action qui nous permettra de matérialiser tout désir.

Le troisième auteur bien connu de la pensée nouvelle qui est mentionné dans *Le Secret* est Robert Collier, né le 19 avril 1885 à St. Louis, avec une plume d'argent dans la bouche. Son père, John Collier, a voyagé souvent et durant de longues périodes à titre de correspondant à l'étranger du *Collier's Magazine*, fondé et publié par son frère, Peter F. Collier, oncle de Robert. Robert est entré au séminaire dans le but de devenir pasteur, mais a changé d'idée et est parti vivre sa vie en Virginie-Occidentale, avant de finir par entrer au service de l'entreprise familiale. Il a travaillé comme ingénieur minier et, durant ses temps libres, il a étudié la correspondance commerciale et la publicité. Comme Joe Vitale, il est devenu rédacteur publicitaire. Huit ans après son déménagement en Virginie-Occidentale, Collier est parti pour New York, où il est entré au service de publicité de l'entreprise de son oncle, la P. F. Collier Publishing Company.

Robert, comme Wallace Wattles, était de santé fragile. Puisqu'on n'arrivait pas à diagnostiquer sa maladie ni à le soigner par des méthodes conventionnelles, il a cherché de l'aide et un remède éventuel dans la science chrétienne. C'est ainsi qu'il s'est intéressé à la fois à la saine alimentation et à la pensée nouvelle. Comme Rhonda Byrne, il a fouillé dans la littérature et la philosophie de la pensée nouvelle, et il en a tiré non seulement un sentiment de satisfaction personnelle, mais aussi une occasion d'affaires. Collier a synthétisé ces principes de «psychologie pratique» et, en 1926, il les a compilés en une série de livres intitulée *The Secret of the Ages* (encore en vente en un seul volume). En moins de 6 mois, il vendait plus de 300 000 exemplaires de cette série. Constatant l'existence d'un marché, il a écrit quatre autres ouvrages ou «cours» sur la pensée nouvelle: *The God in You, The Secret Power, The Magic Word* et *The Law of the Higher Potential*.

Collier est mort en 1950. Un an avant sa disparition, il a publié *Be Rich! The Science of Getting What You Want*, dans lequel on peut lire ce passage qui rappelle une scène du *Secret* où l'on voit Aladin frotter sa lampe pour en faire émerger un génie qui réalisera ses souhaits:

Voici le secret de la richesse et de la réussite qui a été caché pendant plus de 1900 ans. Depuis l'aube des temps, l'humanité est à la recherche de ce secret. Il a été trouvé – et perdu – mille fois. Les Anciens de toutes les races en avaient une petite idée, comme le prouvent les légendes et les contes populaires qui ont remonté jusqu'à nous, par exemple l'histoire d'Aladin et de sa lampe merveilleuse, ou celle d'Ali Baba et de sa formule «Sésame, ouvre-toi!».

De tous les praticiens de la pensée nouvelle mentionnés dans *Le Secret*, Prentice Mulford est sans doute le plus irrésistible. Contemporain de Mark Twain, il est né à Sag Harbor, dans l'État de New York, entre 1835 et 1840, selon sa notice nécrologique publiée le 1er juin 1891, avec le récit de sa vie, dans *The New York Times*. Avant de s'intéresser à la pensée nouvelle et d'écrire à ce sujet, Mulford avait déjà connu une vie bien remplie, voire désordonnée. Elle vaut la peine qu'on en parle, non seulement parce qu'elle fait contraste avec le peu de choses que l'on sait sur Wattles – qui semblait à sa manière désespéré de trouver quelque chose qui donne du sens à sa vie et de l'ampleur à son compte en banque –, mais aussi parce qu'elle révèle que c'était un homme en quête de quelque chose – le parfait sujet pour se laisser attirer par la « science mentale ».

Enfant, Mulford hante le port baleinier situé près de chez lui, où il se délecte sans doute des histoires de voyages et d'aventures que lui racontent les marins. En 1855, la fièvre de l'or s'étant emparée de lui, il se rend à San Francisco en pleine ruée vers l'or, à bord du clipper *Wizard*. Là, il travaille comme cuisinier et steward à bord du schooner *Henry*, qui vogue vers le sud de la Californie. Arrivé à destination, l'adolescent passe quelques années à chercher de l'or, en vain, avant d'être enseignant dans un camp minier du comté de Tuolumne.

Lorsque la folie du cuivre éclate, en 1862, Mulford établit son droit à une concession près de la ville bien nommée de Copperopolis. Pendant les 10 années qu'il consacre à l'activité minière dans la ville, il gagne puis perd une toute petite fortune. Loin de se décourager, dès qu'il apprend qu'on a découvert de l'argent au Nevada, il plie bagage. Arrivé au Nevada, il met sur pied la Mulford Mining, Prospecting, and Land Company, qui fait faillite après moins d'un an. Sans le sou, mais toujours déterminé à devenir quelqu'un, il retourne *à pied* dans le sud de la Californie, manquant de peur de mourir de froid en chemin.

Après plusieurs rudes semaines de marche, il rentre à Sonora, où il se trouve un travail comme foreur de trous pour poteaux. Pour amuser ses camarades, il compose un petit laïus humoristique, probablement sur leur travail commun, qui semble leur avoir beaucoup plu. Devant l'enthousiasme de ses camarades, Mulford comprend qu'il possède un don, qu'il s'empresse d'exploiter dans l'écriture. Il devient comédien itinérant. En 1865, il entend parler de la pensée nouvelle, dont les théories l'intéressent. Un an plus tard, il songe à se lancer dans la politique locale, puis y renonce. Il décide plutôt d'écrire des lettres ouvertes à l'éditeur d'un hebdomadaire de San Francisco, le *Golden Era*, souvent sous le nom de plume de Dogberry. L'éditeur, impressionné par les missives de Mulford, lui offre un poste et finit par le nommer rédacteur en chef du journal.

Mulford travaille à la pige pour plusieurs autres journaux et magazines, et, vers 1882, il déménage à New York, où il devient éditeur du *Graphic*. Il continue son travail de pigiste pour les journaux de San Francisco, couvrant l'exposition du centenaire de Philadelphie, en 1876, ainsi que les expositions de Paris et de Vienne. Il vit pendant un certain temps à Londres, d'où il prépare des reportages. Il écrit également son autobiographie, *Life by Land and Sea*, ainsi qu'un autre ouvrage intitulé *The Swamp Angel*.

Comme il est devenu un journaliste et aventurier renommé, et vu que son intérêt pour la pensée nouvelle s'est approfondi, il commence à rédiger des essais sur la science mentale, dont 37 sont publiés dans le *White Cross Magazine*, autre publication consacrée à la pensée nouvelle. Beaucoup de ces essais sont regroupés dans un ouvrage que l'on trouve encore dans les librairies. Les sujets sont variés : «Les lois du mariage», «L'esclavage de la peur» et «L'art d'oublier», par exemple. Il prononce également des conférences sur la pensée nouvelle, ainsi que sur la culture et l'histoire. Par exemple, il donne en 1875, au Liberal Club de New York, une conférence sur «Les causes sous-jacentes de l'intempérance». En 1876, il en donne une sur les Chinois de Californie, à la Trinity Chapel de New York.

Selon un autre récit de la vie de Mulford publié dans le *New York Times* (9 décembre 1891), c'est à Londres que le journaliste rencontre la jeune femme qui va transformer sa vie. Gamine des rues, l'adolescente de 16 ans l'aborde pour lui vendre un journal. En bavardant avec elle, il découvre qu'elle est orpheline et vit dans une mansarde. Il s'intéresse à elle et fait en sorte qu'une riche amie à lui la prenne sous son aile et la fasse instruire. Selon Jim Gillis, ancien mineur de Sonora et ami de Mulford, l'adolescente devient «une brillante lettrée et une jeune femme magnifique». Elle a 19 ans lorsque Mulford l'épouse et l'amène à New York, où, selon l'histoire, elle l'aurait trompé, et Mulford aurait découvert son infidélité. Le cœur brisé, Mulford lui donne toutes ses économies – 5000 $ – et ils se séparent. La jeune femme, qui ne prend que la moitié de l'argent, ne revoit jamais Mulford, même si le couple ne divorce jamais légalement.

Déprimé, Mulford retourne pendant un temps en Californie, où, selon Jim Gillis, il préfère l'alcool à la plume, bien qu'il ponde quelques «lettres souscrites». Il donne en 1890 une conférence sur un sujet que l'on ignore, puis retourne pour la dernière fois sur la côte est.

Son corps est retrouvé dans une embarcation qui flotte dans la baie Sheepshead, à Brooklyn, en mai 1891. Son cadavre reste anonyme pendant plusieurs jours. C'est F. J. Needham, l'homme qui a publié les essais de Mulford sur la pensée nouvelle, qui l'identifie. L'embarcation se serait trouvée «à un endroit où une assistance était possible et où la voix de la victime aurait pu être entendue de la grève». Une semaine auparavant, Needham lui avait promis un travail de chroniqueur hebdomadaire pour son *White Cross Magazine*.

Needham affirme que Mulford était en bonne santé et heureux, mais que, « ayant besoin de solitude pour terminer son travail, il a décidé de joindre l'utile à l'agréable et de se rendre par voie maritime de la ville jusqu'à sa vieille maison de Sag Harbor ». Selon l'éditeur, cela n'était pas inhabituel pour Mulford, qui, lorsqu'il n'habitait pas chez l'éditeur, restait dans son embarcation, « où il prenait ses repas et dormait ». Mulford est retrouvé avec 25 $ dans ses poches, et une embarcation bien pourvue : nourriture, vêtements, poêle à l'huile, bouteille de rhum St. Croix, couvertures, matériel d'artiste et articles d'écriture. « Mulford aimait la vie nomade, ajoute l'éditeur. Comme personne ne dépendait de lui, il ramait, faisait de la voile ou dérivait sans but comme bon lui semblait. » Son corps ne porte pas de marques. Aucun poison n'est trouvé à bord, mais cela ne signifie pas que son organisme n'en contient pas. À l'époque, on a supposé que sa mort était attribuable à une maladie du cœur non diagnostiquée, à une attaque d'apoplexie... ou au suicide.

Après la mort de Mulford, ses amis diront que son « point faible » résidait dans l'intérêt qu'il vouait au « spiritisme et autres fantaisies du genre », auxquels il était exposé en tant que reporter. Des lettres au contenu décousu trouvées dans l'embarcation parlent de l'« esprit » qui le protégeait et qui lui promettait des jours meilleurs. Après la mort de Mulford, Needham a publié les essais du *White Cross Magazine* en une série d'opuscules aux titres éloquents : *Les pensées sont des choses*, *La force et comment l'acquérir*, *Le Dieu en vous* et *Comment développer vos affaires*. Comme s'il avait été doué de prescience, Mulford a écrit ceci dans *Les pensées sont des choses*, publié en 1889, quelques années seulement avant sa mort :

La science du bonheur réside dans la manière de maîtriser notre pensée et de puiser nos pensées dans des sources de vie saine. Lorsque votre esprit est détourné – peut-être parce que vous vivez depuis longtemps dans le côté sombre des choses et que vous laissez entrer dans votre esprit des pensées sombres –, vous constaterez avec étonnement que cela même dont la vue vous était douloureuse vous donnera du plaisir. Parce que vous avez banni de votre esprit un certain état malsain dans lequel vous vous permettiez auparavant de glisser.

Byrne a raison de dire que le Secret est de l'information ancienne. La ressemblance entre les idées mises de l'avant par les auteurs métaphysiques d'aujourd'hui et celles des auteurs de la pensée nouvelle est frappante, comme l'est aussi celle de leurs moyens de subsistance : tournées de conférences, auto-édition d'ouvrages et direction d'ateliers. L'efficacité d'un bon modèle de marketing ne se dément jamais.

CHAPITRE 5

Qu'est-ce que la science a à voir avec *Le Secret* ?

La science a ceci de fascinant que, pour un investissement
en faits ridiculement bas, on obtient un rendement en
conjectures étonnamment élevé.

— MARK TWAIN

L es tenants de la loi d'attraction recourent régulièrement à la physique, à la biologie moléculaire, à la neurologie et à d'autres disciplines complexes pour prouver que nos pensées peuvent à elles seules produire tels ou tels résultats. *Le Secret* affirme ceci : « Les physiciens quantiques nous disent que l'Univers tout entier a émergé de la pensée ! » Dès lors, nos pensées seraient dotées d'un pouvoir cosmique. Cela est faux, selon des physiciens quantiques, dont ceux qui figurent dans *Le Secret* et dans le film *What the Bleep*.

Par exemple, le physicien Fred Alan Wolf, qui participe aux deux films, déclare qu'une grande partie de ce qu'il a dit durant son interview pour *Le Secret* a été coupée au montage : « Le fondement scientifique qui a été mentionné a été bousillé, et il en est resté une idée simplifiée, dépassant à peine le stade du publireportage. J'ai été consterné, parce que j'avais bien des choses intéressantes à aborder, mais je n'ai jamais dit que la loi d'attraction se fonde sur la physique. Il n'y a absolument rien dans la physique qui dise que le simple fait de désirer quelque chose attirera cette chose dans votre vie. »

En fait, Alan écrit exactement le contraire dans la nouvelle partie mise à jour de son ouvrage *Taking the Quantum Leap* : « La mécanique quantique *semble révéler les limites du pouvoir de l'homme. Ces limites sont celles de nos connaissances et de notre capacité à les acquérir.* » Il ajoute plus loin : « Si les gens prenaient conscience de l'impossibilité d'exercer un pouvoir sur un autre être humain en raison de la physique quantique, il est certain que le monde serait différent. [...] Ainsi, nous nous sentons impuissants, inadéquats, et *désirons ardemment l'ordre que nous sommes incapables de créer dans l'univers.* Tout ce que nous pouvons faire, c'est de suivre le courant. » (Italiques de l'auteur.)

David Z. Albert, directeur du programme Fondements philosophiques de la physique de l'Université Columbia et auteur de *Quantum Mechanics and Experience* et de *Time and Chance*, dont il est fait mention dans *What the Bleep*, a déclaré dans les journaux que ses propos ont été trafiqués au montage de manière à donner l'impression qu'il croyait à la loi d'attraction. Il n'y croit pas. Dans le numéro du 16 septembre 2004 de *Salon* (dir.salon.com/story/ent/feature/2004/09/16/bleep/index_np.html), Albert affirme sans équivoque que la pensée positive ne modifie pas la structure du monde qui nous entoure.

Je suis profondément opposé aux tentatives de lier la mécanique quantique à la conscience. De plus, j'ai expliqué ma position en long et en large, devant la caméra des producteurs du film [...] Si j'avais su qu'on allait dénaturer à ce point mes propos dans le film, je n'aurais certainement pas accepté d'y participer.

Pourtant, la physique mise à part, nous créons vraiment notre réalité, dans le sens où nous nous servons de notre esprit pour inventer, rêver et ensuite agir. Mais cela n'a rien à voir avec l'idée selon laquelle nous pouvons par la force de notre pensée influer sur l'ordre de l'univers ou déplacer des objets. Par exemple, si nous nous laissons aller à frapper le directeur des ressources humaines durant notre entrevue d'embauche, nous «créons la réalité» de ne pas décrocher le poste, voire de nous trouver derrière les barreaux. Même si nous ne passons pas à l'acte, il est possible que le poste ne nous soit pas offert, si notre colère paraît évidente pour l'intervieweur. Inversement, si nous cachons nos sentiments à son endroit (et que nous sommes qualifiés), il y a de fortes chances que le poste nous soit confié.

Disons qu'un compositeur prend le train à New York pour Boston. Le cliquetis des roues sur les rails lui inspire une musique. Il griffonne quelques mesures sur le dos d'une enveloppe. De retour chez lui, il joue l'air sur son piano et continue de consigner les notes sur du papier à musique. Il remet la partition à ses confrères musiciens ; ensemble, ils enregistrent un disque et exécutent le morceau durant un concert. La pensée du compositeur a créé une musique tangible sur papier, sur CD et dans l'air de la salle de concert. Peut-être cette musique suscitera-t-elle des pensées nouvelles chez les personnes qui l'entendront et les inspirera-t-elle à créer quelque chose dans leur propre vie. C'est cela le résultat ultime du passage de l'imagination à l'action.

Ce n'est toutefois pas de cela que parlent Byrne et les autres croyants. Ils affirment que lorsque vous pensez à quelque chose, votre pensée est transmise dans l'univers et modifie l'état du monde, sans qu'aucune autre action soit requise de vous. Cela signifie que les notes valsant dans la tête du compositeur pourraient être entendues à la radio, parfaitement agencées, le lendemain du jour où il y a pensé. C'est possible, bien sûr, si le cliquetis du train *rappelle* au compositeur un air *qui a déjà été enregistré*. Lorsqu'il l'entend le lendemain, l'adepte du *Secret* dirait que le compositeur a «créé» le fait que le disc-jockey fait jouer le morceau de musique. Pas de coïncidence. Pas de probabilités. La loi d'attraction.

En fait, la psychologie a donné un nom au phénomène selon lequel les croyants considèrent une coïncidence comme la preuve de leurs convictions. C'est le «biais de confirmation», aussi connu sous le nom de «pensée sélective». C'est la tendance qu'ils ont à ne voir et à ne tenir compte que de ce qui confirme leurs croyances, et à ignorer, sous-estimer ou éviter tout ce qui les contredit.

Comment la science a-t-elle été mêlée à ce gâchis du nouvel âge? «Les conférenciers en spiritualité récupèrent la physique quantique parce qu'ils y voient une occasion [de promouvoir leurs idées]», dit Fred Alan Wolf. La science donne toujours l'impression d'être irréfutable. Il est difficile de réfuter des données qui ont l'air empiriques (même si elles sont mal interprétées), surtout à une époque où les découvertes en physique, en neurologie et en biologie se succèdent à un rythme affolant.

Il reste qu'on découvre autant de nouveaux mystères qu'on en explique d'anciens. Les mystères donnent lieu à de nombreux « peut-être », ce que les tenants de la loi d'attraction trouvent très attirant. Même Ellen Langer, psychologue de l'Université Harvard, s'étonne quand je lui dis que certains physiciens, par exemple, rejettent d'emblée l'idée selon laquelle les « pensées deviennent des choses ». « Les fins esprits devraient être fidèles à leur discipline et se dire "qui sait ?" », dit-elle. Malheureusement, dès que le « qui sait ? » entre dans la culture populaire, il est facile de le transformer en « peut-être »; même le « ce n'est probablement pas vrai » risque de devenir « c'est vrai ».

Physique pour nigauds

Le penchant qu'a le monde spirituel pour la physique comme explication de la loi d'attraction et d'autres théories mystiques est triple. Premièrement, un débat fait actuellement rage chez les physiciens sur la question de savoir si leur discipline peut expliquer la conscience humaine et la réalité. Deuxièmement, les concepts et la langue de la physique sont à la fois hermétiques et séduisants, et, par conséquent, facilement mal interprétés, mal compris et mal utilisés par un peu n'importe qui, dont des physiciens. « Quand les physiciens écrivent pour le grand public, ils doivent simplifier à l'extrême et recourir à des métaphores. Le public non averti ne comprend pas qu'il s'agit d'analogies destinées à décrire une partie de la réalité. La vulgarisation aboutit souvent au contresens », dit Alan Sokal, physicien de l'Université de New York.

Le recours si répandu à la physique quantique pour prouver l'existence de phénomènes surnaturels résulte directement du fait que la science, naguère confinée dans les laboratoires, s'est propagée aux facultés des sciences humaines et a fini par aboutir dans les mains d'interprètes spirituels et de profanes du grand public, lesquels, de l'avis de nombreux physiciens, ne savent absolument pas de quoi ils parlent – du moins en ce qui concerne la science. Par exemple, la prémisse de la loi d'attraction – qui se ressemble s'assemble, et les pensées sont comme des aimants qui attirent toute chose ayant la même fréquence – n'est pas tout à fait acceptée par la science, selon laquelle les charges électriques identiques se repoussent, et les charges contraires s'attirent. Les aimants se repoussent. Autrement dit, les contraires s'attirent. Le très prolifique physicien Victor J. Stenger, alarmé par la tendance du nouvel âge à sortir le terme « quantique » de son contexte scientifique, a écrit à propos de cet usage abusif un livre intitulé *The Unconscious Quantum : Metaphysics in Modern Physics and Cosmology* (1995). Il y élève une critique des modes métaphysiques, comme celle du *Secret,* et affirme que les idées mystiques en disent davantage sur notre besoin fondamental de croire en quelque chose que sur l'essence de l'univers.

L'énigme de la conscience

« C'est en partie ma faute », répond le physicien Fred Alan Wolf, qui a participé au *Secret,* « et celle de Gary Zukav et de Fritjof Capra », lorsqu'on lui demande pourquoi le monde spirituel a embrassé la science, plus particulièrement la physique quantique. Il fait allusion à son livre, *Taking the*

Quantum Leap (1981) et à ceux des deux autres physiciens, qui fouillent la relation entre la physique quantique, la conscience, la religion et le mystique.

Les ouvrages de Zukav, *The Dancing Wu Li Masters* (1979), et de Capra, *The Tao of Physics : An Exploration of the Parallels Between Modern Physics and Eastern Mysticism* (1975), deux best-sellers grand public, ont marqué le début de la tendance actuelle à lier la physique quantique aux religions orientales et à la manière dont l'esprit «construit» la réalité (tout est dans votre tête). Dans la plus récente édition de son livre, *Taking the Quantum Leap,* pour lequel il a reçu le National Book Award, Wolf écrit : «Nous entrons dans une nouvelle ère de conscience, l'ère de la conscience quantique, l'âge de l'atome conscient.»

La mésentente au sujet de la conscience et de son lien avec la physique quantique subsiste depuis des décennies. Robert B. Griffiths, professeur de physique à l'Université Carnegie Mellon de Pittsburgh, en Pennsylvanie, dit : «Le public croit généralement que tous les scientifiques s'entendent, mais si vous faisiez partie de ce cercle, vous verriez qu'il y a des désaccords, plus ou moins profonds selon le sujet.» Le débat sur la conscience n'est pas le seul qui divise les physiciens (la théorie des cordes aussi est vivement contestée). «Il est clair que certains aspects de la physique embrouillent la communauté scientifique depuis 80 ans, poursuit Griffiths. À cause de cette confusion, certains se sentent autorisés à dire ce qu'ils veulent et n'importe quoi, du fait que le physicien ne comprend pas parfaitement tel ou tel principe.»

Griffiths, auteur de *Consistent Quantum Theory* (2003), ne croit pas que la mécanique quantique nous renseigne sur la conscience : «Cela dit, il y a des hommes de science sérieux, dont Roger Penrose, qui avancent le contraire. Ceux d'entre nous qui n'admettent pas le lien estiment que Penrose n'a pas présenté d'argument convaincant, contrairement au camp adverse.»

Griffiths fait allusion aux théories qu'a décrites Penrose dans *The Emperor's New Mind : Concerning Computers, Minds, and the Laws of Physics* (1989) et dans *Shadows of the Mind : A Search for the Missing Science of Consciousness* (1994). Dans ces ouvrages, Penrose avance l'hypothèse selon laquelle la mécanique quantique jouerait un rôle dans la compréhension de la conscience humaine, au niveau des microtubules des neurones, organites cylindriques fins servant de support structural à la cellule, et engagés dans de nombreux processus cellulaires. Ces microtubules font partie du matériel essentiel dont le cerveau a besoin pour les calculs quantiques, que les ordinateurs ne peuvent exécuter.

Lee Spector, professeur d'informatique à l'École de science cognitive du Hampshire College et l'une des autorités reconnues en matière d'intelligence artificielle (IA) aux États-Unis, estime que Penrose est un homme brillant qui a beaucoup contribué à l'avancement des mathématiques de la physique, mais qui commet certaines erreurs dans le domaine de la science cognitive, de l'IA et de l'informatique. «Penrose a tout à fait raison en ce qui a trait aux tâches que ne peut accomplir l'ordinateur numérique. Certains problèmes ne peuvent se résoudre par des calculs, par exemple le "problème de l'arrêt", c'est-à-dire l'impossibilité d'écrire un programme qui puisse toujours prédire avec exactitude le moment où un autre programme informatique s'arrêtera ou bouclera à l'infini.»

Penrose consacre beaucoup de temps à la signification du problème de l'arrêt et, selon Spector (et d'autres), il essaie de nous convaincre que si l'être humain peut résoudre un problème qui échappe à l'ordinateur numérique, c'est qu'il doit y avoir un lien entre la conscience et la mécanique quantique. « C'est une erreur fondamentale, dit Spector, de supposer que l'être humain puisse résoudre un problème dont la solution échappe à l'ordinateur. Mais celui qui croit qu'un mathématicien humain peut résoudre des problèmes dits incalculables devra recourir à la magie pour l'expliquer. Penrose a fait appel à la mécanique quantique parce qu'elle semble magique. »

Le célèbre mathématicien Stephen Hawking est lui aussi en désaccord avec Penrose, position qu'il décrit dans un livre que Penrose a lui-même écrit et publié. Dans *The Large, The Small, and the Human Mind* (1997), Hawking explique ses désaccords :

> Roger croit que la conscience est quelque chose de particulier aux êtres vivants qui ne peut être simulé sur un ordinateur. Il n'a pas été clair sur la manière dont la réduction objective peut expliquer la conscience. Il semble que son argument soit plutôt celui-ci : la conscience étant un mystère et la gravité quantique en étant un aussi, les deux doivent être liées. Personnellement, je me sens un peu mal à l'aise quand les gens, plus particulièrement des physiciens théoriciens, parlent de conscience.

« Henry Stapp, de Berkeley, a lui aussi tort, dit Griffiths, même si c'est un homme sérieux. » Stapp adhère à une théorie appelée « effondrement quantique » ou, parfois, « interprétation spirituelle » de la physique, théorie centrée sur le fait que l'observation d'expériences quantiques par un observateur conscient serait à l'origine de l'effondrement de la fonction d'onde, autre concept dont l'existence fait l'objet de débats. Tout cela a rapport avec la théorie de la pensée nouvelle du XIXe siècle voulant que tout soit connecté à l'univers, et qu'il soit impossible de nous séparer de ce qui se passe dans le monde et dans le cosmos. Et la philosophie orientale dit à peu près les mêmes choses. Dès lors, il est facile de voir comment ces théories ont pu en mener certains à croire que les pensées créent les choses.

La position de Stapp sur la relation de la physique quantique avec la réalité, l'esprit et la conscience est décrite dans les citations suivantes, extraites de son article «Why Classical Mechanics Cannot Naturally Accommodate Consciousness but Quantum Mechanics Can» (http://psyche.cs.monash.edu.au/v2/psyche-2-05-stapp.html). Les tenants de la loi d'attraction réinterprètent ce type de raisonnement et s'en servent pour prouver que nos pensées créent la réalité et que, par conséquent, nos pensées créent des choses. (Italiques de l'auteur.)

Le corps physique d'une personne et le monde qui l'entoure sont représentés par des schèmes d'activité neurale dans le cerveau: ces schèmes contiennent l'information concernant la position du corps dans son environnement. Ils sont représentés dans le contexte de gabarits neuraux pour une action imminente. *Le schéma corps-monde a un prolongement qui représente les croyances et autres structures analogues aux idées.*

Et:
Il n'y a rien dans la physique classique qui rende compte de ces deux niveaux ou qualités d'existence

ou d'être ; l'un de ces niveaux relève d'entités locales persistantes qui évoluent selon des lois mathématiques locales, et l'autre, d'existences soudaines d'entités agglomérées dont les composants sont les entités locales de la réalité du niveau inférieur. *C'est exactement de cela que rend compte la physique quantique, qui nous offre donc un cadre logique convenant parfaitement à la description des deux dimensions entrelacées du système esprit/cerveau.*

Comme Griffiths, Lee Spector voit une faille dans cette logique. «En mécanique quantique, l'observation ou le caractère observable d'une expérience en modifie les résultats», dit-il, faisant référence à ce curieux phénomène selon lequel l'observation (à une échelle atomique) d'une expérience influe sur ses résultats. Cependant, certains interprètent ce phénomène bizarre de manière à lui faire prouver que la conscience humaine modifie les résultats dans des domaines de la vie qui n'ont rien à voir avec les expériences en laboratoire. «Depuis les années 1920, poursuit Spector, on a beaucoup discuté de l'influence de la conscience sur l'expérience ; il y a là un germe de vérité, mais qui ne s'applique pas aux résultats de [notre] monde macroscopique.» Fred Alan Wolf dit la même chose des physiciens dans *Taking the Quantum Leap* : «La plupart des choses que nous observons ne sont pas du tout perturbées ou modifiées par l'observation.»

Spector recourt à un exemple simple pour illustrer son propos : «Vous ne pouvez pas influer sur la manière dont tombera la pièce de monnaie que vous lancez simplement en pensant à sa chute ou en l'observant. Pour la physique quantique, l'observation est un fait intéressant, mais elle ne dit pas que vous pouvez provoquer par la pensée certains événements, même pas à l'échelle microscopique. Même dans les expériences de physique quantique, vous ne pouvez pas modifier ou commander les résultats *afin qu'ils vous conviennent* simplement en étant conscient de l'expérience ou en l'observant.» (Italiques de l'auteur.)

Selon Byrne, les physiciens quantiques auraient établi un parallèle entre leurs travaux et découvertes et les écrits des «grands penseurs», de l'industriel Andrew Carnegie à William Shakespeare, en passant par le chef spirituel indien Jiddu Krishnamurti. Il ne semble pas y avoir de lien direct entre la physique et Carnegie, ou Shakespeare (voir la troisième partie du livre à ce sujet), mais avec Krishnamurti, oui. Et c'est ce lien, qui n'a été mentionné par aucun des physiciens que j'ai interviewés, qui explique peut-être pourquoi les tenants de la loi d'attraction s'accrochent tant à l'idée que celle-ci se fonde sur la physique quantique. David Bohm, physicien quantique américain qui n'est pas mentionné dans *Le Secret*, a largement contribué à la théorie des quanta, à la philosophie de la physique et, indirectement, au projet Manhattan – la mise au point de la bombe atomique. Bohm était également engagé en politique radicale et communiste. En 1959, il a fait la découverte de l'un des ouvrages du philosophe indien ; il a vu des ressemblances entre les théories du livre et sa conception de la physique quantique. Les deux hommes se sont rencontrés et se sont liés d'amitié.

«Bohm est un personnage intéressant, dit Alan Sokal. En réalité, il y a trois Bohm. Durant sa première période, jusqu'en 1951, il faisait de la mécanique quantique tout à fait orthodoxe. Ensuite, en 1952, il a publié dans la revue *Physical*

Review un article extrêmement intéressant et iconoclaste, dans lequel il proposait une interprétation inédite de la physique quantique qui la rapprochait davantage de la physique classique. Pendant longtemps, les théories énoncées dans son article n'ont pas été prises au sérieux; mais, aujourd'hui, elles suscitent la discussion. Plus tard dans sa vie, Bohm a commencé à suivre le courant du nouvel âge et à fréquenter divers chefs spirituels, et ses ouvrages ultérieurs sont allés dans ce sens. Cependant, les adeptes du nouvel âge ne connaissent probablement pas ses premiers travaux, qu'il n'a jamais reniés. Bohm croyait poursuivre l'œuvre commencée en 1952.»

Un passage d'un ouvrage de Bohm, *Thought as a System*, pourrait expliquer pourquoi les individus férus de spiritualité pensent que la physique quantique contribue à ce point à valider la loi.

Ce que j'entends par «pensée», c'est un tout – la pensée, l'émotion, le corps, la société entière qui partage des pensées –, c'est un processus unifié. À mes yeux, il est essentiel de ne pas [le fragmenter]. Les pensées de quelqu'un deviennent mes pensées, et vice-versa. Par conséquent, on aurait tort de fragmenter cela en mes pensées, tes pensées, mes émotions, ces émotions-ci, ces émotions-là [...] Je dirais que la pensée constitue ce que l'on appelle souvent un système en langage moderne. Un système implique un ensemble de choses ou d'éléments reliés. Mais, le sens qu'on attribue aujourd'hui au mot système, c'est celui d'un tout dont les éléments sont interdépendants, non

> seulement en raison de leur action commune, mais aussi de leur signification et de leur existence [...] La pensée crée constamment des problèmes de cette manière, puis essaie de les résoudre. Mais en tentant de les résoudre, elle les aggrave, parce qu'elle ne sait pas qu'elle les crée, et que plus elle y pense, plus elle en crée.

Bien sûr, les concepts de la physique et les désaccords qui existent entre les physiciens à ce sujet sont beaucoup plus compliqués que ce que j'ai pu exposer ici. Mais même ces physiciens semblent s'entendre sur le fait que la science, y compris les interprétations de Bohm, n'indique pas, jusqu'à présent, que l'on puisse faire apparaître des voitures, des liasses de billets, des bijoux, des copines sexy ou de séduisants amants par le simple pouvoir de la pensée.

Les mots sont des choses

La première phrase que le physicien Gary Zukav a écrite dans son livre *The Dancing Wu Li Masters* en dit long sur les raisons qui rendent la physique quantique si intéressante dans le monde de la spiritualité lorsqu'il faut défendre ses positions sur la loi d'attraction : « Lorsque je dis à mes amis que j'étudie la physique, ils hochent la tête, agitent la main, sifflent et lancent : "Ohhh ! Ça c'est difficile !" » À cause de cette perception de cette science comme étant difficile, le profane est incapable d'en discuter ; il pourra se contenter de simplement l'accepter ou encore il risquera de se méprendre sur ses principes.

Robert Griffiths fait remarquer que même des prix Nobel de physique disent ne pas comprendre certains aspects de la mécanique quantique : «L'affirmation la plus carrée est sortie de la bouche de Richard Feynman, qui a dit que personne ne la comprend, et je crois qu'il faut le prendre au sérieux.» Feynman, prix Nobel décédé en 1988, est un physicien américain qui a mis au point une nouvelle manière de comprendre le comportement des particules subatomiques, entre autres choses. Il a lui aussi contribué à la fabrication de la bombe atomique.

Durant toute sa vie professionnelle, Fred Alan Wolf a tenté de résoudre le problème de la communication entre scientifiques et profanes. «Il y a des gens qui sont en quête de quelque chose, qui n'ont aucune idée de ce qu'est la science et qui sont si éloignés des scientifiques qu'ils parlent maintenant une espèce de babil parce que la science recourt à un langage qu'ils ne peuvent pas comprendre. Lorsque ces gens écoutent quelqu'un qui s'exprime d'une manière qui dépasse leur niveau de compréhension, leur propre langage [et leur compréhension] se fracturent.»

Le fait que la physique et les théories quantiques soient contraires à l'intuition et paraissent mystérieuses au lecteur moyen les rend séduisantes pour le monde mystique. Barry Sanders, chercheur du projet iCORE, professeur d'informatique quantique et directeur de l'Institut d'informatique quantique à l'Université de Calgary, croit que cet attrait vient aussi de l'absence paradoxale de mesures, à cause de laquelle les physiciens ne peuvent pas toujours obtenir des résultats concrets. «En science, dit-il, on a l'habitude de faire des expériences pour obtenir des résultats mesurables. En physique quantique, nous ne pouvons pas intégrer des mesures, et c'est ce que les gens [qui ne sont pas physiciens] trouvent excitant.

«Les étudiants de première année qui suivent mon cours en vue de faire de la médecine, dit-il, ne posent pas de questions sur le rapport entre la physique et la spiritualité, mais il en est tout autrement quand je donne une conférence publique sur le sujet.» Il décrit l'une de ces conférences, données à la brasserie Big Rock Brewery de Calgary, qu'il a trouvée particulièrement agréable vu le cachet qui lui a été payé en bière. «Il y avait une centaine de personnes qui avaient apporté des articles sur le lien entre la physique et la spiritualité. Les Deepak Chopra de ce monde empruntent des idées à la physique quantique et les transposent dans le monde spirituel. En tant qu'homme de science, je ne fais pas cela. Mais je peux voir à quel point l'inspiration de la physique quantique se fait sentir un peu partout. Les profanes sont fascinés par les termes que nous employons pour décrire la mécanique quantique, par exemple "énergie vibratoire". Ce sont des termes magnifiques», ajoute Sanders, dont les paroles peuvent facilement être interprétées comme ayant quelque chose de mystique. «Si vous lisez des traductions des livres taoïstes chinois, vous comprendrez que le "qi" est énergie. Vous savez que la physique parle d'énergie. Les lois que nous postulons n'ont rien à voir avec le concept d'énergie qi, mais je crois que c'est de là que vient une partie de la confusion.»

Griffiths affirme lui aussi s'inquiéter du jargon utilisé dans sa propre spécialité, l'informatique quantique : «Par exemple, la téléportation est dépeinte comme un moyen de déplacer magiquement un objet d'ici à là, mais ce n'est pas du tout cela. Le terme choisi donne l'impression que quelque chose de spectaculaire se produit. Bien sûr, il se produit un phénomène intéressant, mais c'est le genre de chose qui est facilement mal interprétée.»

Lee Spector dit que, durant ses séminaires, il utilise un langage qui le fait ressembler à un mystique, plus particulièrement lorsqu'il traite de l'algorithme de Peter Shor servant à factoriser les très grands nombres. «Nous disons que certaines parties d'un gros calcul se font dans des "univers différents", et lorsque nous exploitons l'algorithme, nous "divisons l'ordinateur en plusieurs versions de lui-même", lesquelles fonctionnent dans des "univers parallèles", et ensuite nous les faisons revenir "communiquer dans notre univers". Certains physiciens interprètent ces expressions au sens littéral, mais, si on pouvait observer ce qui se passe, on verrait que tout cela se produit dans un seul et même univers.»

Griffiths se dit désappointé de constater que le sens de la physique est déformé à cause de sa terminologie. «Mais, ajoute-t-il, à toutes les époques le jargon technique a été détourné par la culture populaire.» Comme exemple, Griffiths fait remarquer que les découvertes de Darwin ont été transformées en darwinisme social, lequel a servi à justifier, entre autres choses, l'oppression des travailleurs par les employeurs. «Il y a toujours eu des abus des concepts scientifiques, dit-il. Cela ne devrait pas nous étonner, bien que j'estime que nous devrions combattre ces abus quand nous en sommes témoins.»

Charlatanisme quantique

On utilise souvent l'expression «charlatanisme quantique» pour critiquer la propension des universitaires formés en sciences humaines plutôt qu'en sciences pures à recourir à des théories de la mécanique quantique qui leur échappent pour prouver les affirmations qu'ils font sur à peu près n'importe quoi – de la politique au parti pris sexiste, en passant par... la loi d'attraction. Le charlatanisme quantique a été prouvé par Alan Sokal, professeur de physique à l'Université de New York. Pour comprendre les assertions scientifiques relatées dans *Le Secret*, il est utile de connaître la prétendue affaire Sokal.

En 1996, Sokal a soumis pour publication un article intitulé « Transgression des frontières : vers une herméneutique transformationnelle de la gravité quantique » à la revue d'études culturelles postmodernes *Social Text*, plus populaire chez mes pairs que ne l'était le magazine *People* du temps où j'étudiais à Columbia dans les années 1980. À cette époque, les articles du *Social Text* n'étaient pas évalués par les pairs avant publication, c'est-à-dire que l'article n'a pas été examiné par d'autres experts de la discipline en question. (L'évaluation par les pairs est aujourd'hui pratique courante dans les revues et journaux scientifiques et universitaires.) L'article était en fait un canular, un ramassis de théories d'apparence scientifique, formulées dans le jargon du postmodernisme et avec un parti pris évident pour l'extrême gauche, dont Sokal savait qu'il plairait à la revue.

Sokal cherchait à savoir si *Social Text* publierait l'article, qu'il avait « copieusement assaisonné de bêtises qui (a) avaient l'air intelligent et (b) allaient dans le sens des préconceptions idéologiques des éditeurs ». Il a su ce qu'il voulait savoir. *Social Text* a publié l'article dans un numéro consacré à la « guerre des sciences » – un débat entre universitaires postmodernes et universitaires pragmatiques sur la nature de la science. Simultanément, Sokal a publié un article dans une autre revue spécialisée, *Lingua Franca*, dans lequel il révèle le canular et affirme que l'article est en fait un florilège de citations absurdes sur les mathématiques et la physique qu'ont faites des universitaires spécialistes des sciences humaines. Il était quasiment inévitable que la manie de la physique quantique se transmette des spécialistes en sciences humaines aux conférenciers en spiritualité du nouvel âge. Vous pouvez lire les deux articles de Sokal et d'autres renseignements à propos de son expérience sur sa page Web : www.physics.nyu.edu/faculty/sokal/.

L'évaluation que fait de la physique quantique John Demartini, conférencier en spiritualité, est un bon exemple de la confusion que peut semer la transmission dans le grand public de concepts complexes. Voici ce qu'il m'a dit au cours d'une entrevue :

> En physique quantique, une particule de quantum ou d'énergie pourrait être une particule de lumière. Nous les appelons rayons gamma ou ondes radio. Ce petit quantum peut être séparé dans une chambre à nuage et divisé en électrons positifs et négatifs. Si vous les réunissez, vous revenez à la lumière. Peut-être la conscience est-elle faite de particules de lumière chargées. Peut-être la conscience est-elle de la lumière chargée de manière inconditionnelle. Les ondes radio peuvent parcourir le monde en un quatorzième de seconde. Nos pensées sont de l'information stockée en vagues quantiques.

> Notre conscience ne peut jamais être positive s'il n'y a pas de négatif, mais notre conscience peut penser que cela n'est pas le cas. Nous pouvons séparer l'inséparable, mais en réalité, il n'y a rien d'autre qu'un événement quantique. En physique quantique, chaque fois que vous séparez un quantum en deux, les deux parties demeurent intriquées. Si vous altérez

l'une des parties, vous altérez instantanément l'autre aussi, ce qui donne naissance à des particules plus rapides que la lumière. Dès que vous faites cela, les individus [avec lesquels vous êtes intriqué] en ressentent les effets, où qu'ils se trouvent dans le monde. Ainsi, vous êtes intriqué avec toute personne qui suscite une émotion en vous. Tout ce que vous voyez en cette personne est représenté dans une partie de votre être dont vous niez l'existence. Et du fait que cette personne représente cela, lorsque vous acceptez la même chose en elle, il y a une relation quantique, parce qu'elle en ressent immédiatement les effets, où qu'elle soit.

Premièrement, le physicien Fred Alan Wolf affirme qu'il est impossible de fracturer un quantum en plus petits quanta : « Demartini parle du processus par lequel un photon de lumière se transforme en positon et en électron, mais il ne s'agit pas d'une séparation. Le quantum a changé de forme. » Demartini applique aux êtres humains aussi le phénomène de l'intrication quantique. Il s'agit du phénomène par lequel deux systèmes, par exemple, sont corrélés et possèdent des liens qui font qu'un changement dans l'un entraîne un changement dans l'autre, quelle que soit la distance qui les sépare. « Je peux vous affirmer que l'intrication au sens que lui donnent les physiciens n'est probablement pas applicable aux êtres humains, dit Wolf. Par exemple, ma femme et moi sommes très proches. Il peut arriver que nous pensions la même chose, mais ce n'est pas parce que je pense à quelque chose de mauvais que cette chose va arriver à ma femme.

C'est un fait : deux personnes séparées ne peuvent pas influer l'une sur l'autre par la force de la pensée.»

Alan Sokal recourt à un raisonnement fort simple pour expliquer pourquoi on se trompe probablement si l'on croit que la conscience humaine a créé l'univers : «Pendant la plus grande partie de l'histoire de l'univers, l'être humain n'existait pas. Il serait donc plutôt étrange que la conscience humaine ait joué un rôle dans son histoire ou dans sa création.»

Du cerveau et de ses usages

Face à l'idée selon laquelle nos pensées peuvent changer et modeler ce qui se passe dans le monde extérieur, une brève discussion sur ce que peut et ne peut pas le cerveau s'impose. Il se fait que le cerveau est capable de choses extraordinairement impressionnantes, si incroyables en fait qu'il semble inutile de lui attribuer des pouvoirs surnaturels. Adonnez-vous à ce petit exercice pendant que vous lisez ces pages : remarquez combien les découvertes récentes que je décris et les commentaires d'experts que je rapporte pourraient facilement être mal interprétés par des personnes qui souhaitent désespérément croire en la science qui prétend qu'on peut changer le monde par la seule force de sa pensée. Aucun des experts ou auteurs cités ici ne croit que cela est vrai.

Au cours des dernières années, la compréhension de la neuroplasticité, ou plasticité cérébrale – c'est-à-dire la capacité du cerveau à l'échelle des neurones de se régénérer sur le plan de la structure ou de la fonction après une maladie ou une blessure –, a fait d'énormes progrès. Deux ouvrages viennent d'être publiés sur ce fascinant sujet. Le premier, écrit par Sharon Begley, journaliste spécialisée en sciences du magazine *Newsweek*, s'intitule *Train Your Mind, Change Your Brain: How a New Science Reveals Our Extraordinary Potential to Transform Ourselves* (2007); le second, *The Brain That Changes Itself: Stories of Personal Triumph from the Frontiers of Brain Science* (2007), est l'œuvre de Norman Doidge, chercheur au centre de recherche et de formation en psychanalyse de l'Université Columbia et à la faculté de psychiatrie de l'Université de Toronto.

Dans son livre, Begley examine l'évolution de la théorie voulant que les neurones du cerveau ne se régénèrent pas. Elle y décrit avec soin et de manière accessible une série d'expériences rigoureuses révélant que de nouveaux neurones sont créés chaque jour dans le cerveau, même chez les personnes âgées, ce que l'on croyait jusqu'à tout récemment impossible. Avec de fréquentes incursions dans la philosophie bouddhiste, Begley fait le constat des connaissances actuelles en neuroplasticité. Voici ce sur quoi les philosophes métaphysiques vont se jeter: Begley décrit une série d'expériences menées auprès de bouddhistes qui ont accumulé plus de 10 000 heures de méditation, expériences qui révèlent qu'il pourrait être possible d'exercer le cerveau à mieux éprouver des émotions comme la compassion.

Dans son livre, Begley raconte comment 18 sujets ont pratiqué une méditation de bienveillance de type *mettā bhāvanā*, durant laquelle on cultive une «compassion et une bienveillance illimitées envers tous les êtres humains». Un type d'ondes cérébrales, les ondes gamma, sont devenues exceptionnellement fortes chez les praticiens expérimentés de la méditation, les bouddhistes, et un peu plus fortes chez les sujets du groupe ayant le moins d'expérience. Les ondes gamma des bouddhistes s'éteignaient lorsqu'ils cessaient de méditer, et redevenaient fortes dès que la méditation reprenait. Ce phénomène a mené les chercheurs à conclure que la pleine conscience – ou l'entraînement du cerveau – peut «créer une caractéristique permanente du cerveau». Songez-vous déjà à toutes les mauvaises interprétations qui nous guettent?

«Je répète que tout ce que je sais du livre *Le Secret*, je l'ai lu dans le magazine *Newsweek*, dit Begley, et j'en ai compris que le livre dit que nous pouvons influer sur les choses du monde physique simplement par nos pensées, et qu'il n'y a aucun mécanisme physique plausible qui explique cela. Je dirai qu'il n'y a aucun point commun entre cette théorie et la neuroplasticité, laquelle étudie les schèmes de pensées et d'expériences qui atteignent le cerveau par l'intermédiaire des organes sensoriels, lesquels schèmes peuvent avoir un effet sur le cerveau qui les reçoit. Il n'y a rien là-dedans qui donne la chair de poule.»

Selon Begley, ce qui est intéressant dans ce que nous appelons l'esprit, c'est que les produits du cerveau peuvent avoir sur les éléments physiques qui les ont suscités divers effets pouvant aller des schèmes d'activité aux modifications structurales – mais tout cela repose sur une physique fort conventionnelle. Ces découvertes sont vraiment majeures sur le plan médical. «Dans certains troubles mentaux, comme la dépression, l'accident vasculaire cérébral (AVC) ou le trouble obsessionnel-compulsif (TOC), dit Begley, quelque chose ne tourne pas rond dans le cerveau. La victime d'un AVC peut provoquer l'élargissement des zones saines du cerveau de manière qu'elles assument les fonctions relevant naguère des zones cérébrales qui ont été endommagées. Dans le cas du TOC, le sujet, prisonnier d'une inquiétude excessive, redoute toujours le pire. Des expériences menées à l'Université de Californie à Los Angeles ont révélé que la méditation en pleine conscience, aussi appelée méditation *mindfulness*, peut abaisser le degré d'activité dans les circuits cérébraux liés à l'inquiétude de la même manière que le fait un antidépresseur de type ISRS [comme le Prozac].»

Begley estime que l'efficacité de la méditation en pleine conscience est en partie due au fait que le sujet pense à lui à la troisième personne. Par exemple, la pensée «j'ai laissé la cuisinière allumée» peut perturber toute la journée d'une personne atteinte d'un TOC, qui s'inquiétera et redoutera la catastrophe. Une telle personne peut entraîner son cerveau à considérer cette pensée comme un «message d'erreur» qui n'a rien à voir avec la réalité, et à susciter la pensée «c'est mon TOC qui parle». Avec l'entraînement, elle arrivera à réduire de manière thérapeutique l'activité cérébrale liée à l'inquiétude. «Vous pouvez voir comment les pensées se manifestent sous forme d'activité électrique dans le cerveau; dans ce cas, l'action s'exerce sur le circuit d'inquiétude afin d'en interrompre l'activité», explique-t-il.

Selon Begley, cependant, rien de tout cela ne s'applique à la manière dont les pensées et émotions pourraient créer quelque chose à l'extérieur du cerveau : «Certes, la pensée positive peut influer sur l'opinion que nous nous faisons de notre propre compétence, mais n'a aucun effet sur le monde physique. Ni les pensées ni notre cerveau n'en sont capables.»

Selon Norman Doidge, de récentes découvertes sur l'évolution du cerveau présentent beaucoup d'intérêt pour les personnes en bonne santé. «Le cerveau est à certains égards semblable à un muscle, dans le sens où il répond à l'exercice; nous pouvons préserver ou développer notre cerveau grâce à l'exercice approprié, et même en renforcer les zones que nous croyions définitivement affaiblies.»

Certaines données médicales laissent croire qu'un degré de stress élevé est néfaste pour le cerveau et pour la santé. Il importe de préciser qu'il s'agit ici du stress causé par une expérience traumatisante, par des souvenirs douloureux ou terrifiants, et non par des pensées «négatives». Les recherches conduites par J. Douglas Bremner, professeur agrégé de psychiatric et de radiologie à l'École de médecine Emory School, auteur de *Does Stress Damage the Brain ?*, ont révélé à quel point un stress psychologique grave peut affecter le cerveau dans sa structure et sa fonction.

«Environ 15 p. 100 des victimes d'un traumatisme manifesteront un état de stress post-traumatique (ESPT), dit Bremner, c'est-à-dire que ce ne sera pas le cas pour 85 p. 100 d'entre elles.» Selon lui, les personnes qui font preuve de résilience après un traumatisme sont généralement optimistes. C'est pourquoi les chercheurs essaient de mesurer leur résilience et de comprendre leurs stratégies d'adaptation afin que celles-ci puissent être adaptées aux 15 p. 100 de sujets non résilients ou assimilées par eux. Il existe certains facteurs ou traits de caractère qui sont communs aux personnes capables de se relever d'un traumatisme : altruisme, souci des autres, sentiment que la vie a un sens et un but. «Par exemple, dit Bremner, les prisonniers de guerre au Vietnam qui croyaient naturellement que leur pays était une puissance supérieure et ceux qui avaient foi en la justice s'en tiraient mieux que les autres.»

L'un de ces hommes a décrit comment, durant sa captivité, il visualisait une pyramide au sommet de laquelle trônaient Dieu, la patrie et la famille, et comment cela l'avait aidé à surmonter l'épreuve sans ESPT. Selon Bremner, il est important de comprendre comment pensent les personnes résilientes parce que la recherche menée sur leur cerveau peut nous renseigner sur la manière dont celles qui ne le sont pas peuvent apprendre à exercer leur cerveau pour qu'il s'adapte ou à mettre les mauvais souvenirs en perspective; cela va bien au-delà de la pensée positive.

Norman Doidge explique cela ainsi : «Pensez à l'ancien combattant du Vietnam qui entend le retour de flamme d'une voiture et qui pense se retrouver au Vietnam et entendre des coups de feu. Durant le traitement, nous n'éliminons pas les souvenirs; nous cherchons plutôt à transformer l'expérience traumatisante, qui semble installée dans un présent éternel, en vrai souvenir, de manière que le sujet puisse se dire : "Ce n'est qu'un souvenir, c'est fini. Je peux enfin me détendre."»

Biologie d'une croyance

L'idée selon laquelle la pensée magique pourrait faire partie intégrante de la chimie ou de la composition de notre cerveau – qu'elle est en nous pour assurer notre survie – aide à expliquer la propension universelle des gens à croire aux phénomènes surnaturels et aux «puissances supérieures». Phillips Stevens fils, professeur d'anthropologie à l'Université d'État de New York, estime qu'il ne faut pas s'étonner de voir tant d'individus – des personnes très instruites vivant dans des pays techniquement avancés tout comme des habitants des régions les plus pauvres du globe – croire au pouvoir magique de la pensée positive.

«J'ai été témoin de cet optimisme irrationnel pour la première fois au début des années 1960, comme enseignant du Corps de la paix dans une école secondaire du Nigeria, m'écrit-il dans un courriel. Je l'ai observé dans plusieurs cas désolants d'étudiants en situation d'échec qui refusaient de reconnaître leur situation. Même les diplômés faisaient face à un avenir des plus incertains. Tout le monde connaissait les sombres statistiques : des milliers de diplômés sortaient chaque année des écoles et universités, mais bien peu d'entre eux trouveraient un emploi dans le secteur moderne. Pourtant, chaque diplômé quittait l'école en se disant qu'il allait réussir ou que le Ciel s'occuperait de lui. C'est de la pensée magique, qui vient sans doute du sentiment universel qu'a l'homme d'être en lien direct avec le cosmos, et de la conviction que ses pensées et gestes influent directement sur le monde et sur son avenir.»

Selon Stevens, s'adapter à cette croyance présente un avantage pratique exceptionnel : «Les gens connaissent les faits et les probabilités ; ils savent que la magie ne fonctionnera peut-être pas. Mais ils savent aussi que la magie est facile, qu'elle ne coûte rien et qu'elle fonctionne parfois. Ils sont conscients de ce que la bonne humeur est un antidote à la détresse, et que la pensée négative ne fera qu'aggraver leur situation.»

Ainsi, le secret du *Secret*, dit Stevens, qui a publié de nombreux articles savants sur l'anthropologie de la pensée magique, réside dans «notre humanité fondamentale». «Elle est peut-être issue de la biologie et de la psychologie évolutionnistes», ajoute-t-il. Pour ce qui est de la popularité de la pensée magique dans la société occidentale, Stevens est d'avis qu'elle séduit parce qu'elle donne à l'individu le sentiment d'être maître de sa vie et d'avoir quelque importance dans un monde de plus en plus déroutant et impersonnel.

Dans son «Magical Thinking in Complementary and Alternative Medicine», publié dans le numéro de novembre 2001 du magazine *Skeptical Inquirer*, Stevens définit cinq croyances communes à toutes les formes de pensée magique connues, en remontant jusqu'à la préhistoire – qu'il s'agisse de la loi d'attraction, de la pensée positive ou de la croyance aux pouvoirs de certains objets ou couleurs. Ces cinq croyances sont les forces de la nature, l'énergie et le pouvoir mystique, le lien avec le cosmos, le pouvoir des symboles et des mots, ainsi que la causalité. «Cela fait partie de la manière dont pense le cerveau humain, dit Stevens, manière qui est un processus biologique. Dans cette perspective, la pensée magique est source de sens.» Autrement dit, si nous ne croyions pas en quelque chose de plus grand que nous, il pourrait nous être difficile de donner un sens à notre vie. Mais cela ne confère pas pour autant de véracité à ces croyances.

Cherche et tu trouveras

La science, semble-t-il, ne dit pas que nos pensées changent le monde à l'extérieur de notre cerveau et de nos propres perceptions. Elle ne dit pas non plus que nous pouvons attirer des choses vers nous par la force de nos pensées. La réaction qu'ont certains croyants à ces deux affirmations se résume souvent à un sourire entendu, ou au sourire narquois de quelqu'un qui comprend mieux que vous et qui possède de l'information privilégiée, le sous-entendu étant: «Les scientifiques qui ne sont pas d'accord avec nous ont tout simplement peur. Ils luttent contre un fait angoissant qu'ils ne peuvent accepter à cause de leurs idées préconçues. Notre connaissance est bien supérieure à cela.»

Il n'est pas facile de vaincre une telle assurance. Bien sûr, les croyants n'adoptent pas tous cette attitude irréductible. Certains voient la science et la physique comme des métaphores de la loi d'attraction, et non pas comme des preuves de celle-ci. Mais la plupart de ceux à qui j'ai parlé disent qu'on trouve littéralement la preuve de la loi d'attraction dans la physique. Ils diront : « Les gens croyaient jadis que la terre était plate ; par conséquent, il est possible que notre esprit puisse déplacer des objets.» Ou : «Personne ne croyait Candace Beebe Pert, spécialiste des neurosciences, lorsqu'elle a découvert les récepteurs opioïdes du cerveau ; il est donc possible que les pensées puissent attirer des choses.»

Ne me croyez pas sur parole : lisez les œuvres originales des sources crédibles que j'ai citées dans ce chapitre, ainsi que celles des sources scientifiques de la bibliographie proposée plus loin. La lecture d'ouvrages sur la science rédigés par des auteurs fiables demande un effort intellectuel soutenu – autre raison qui explique que tant de gens ont tendance à croire à la pensée magique, qui se gobe très vite, sans trop solliciter le cerveau.

CHAPITRE 6

La Bible et Bouddha : racines religieuses du *Secret*

R honda Byrne affirme que le message du *Secret* est contenu dans les grandes religions du monde : hindouisme, traditions hermétiques, bouddhisme, judaïsme, christianisme et islam. Le lien paraît ténu ; il se limite à l'idée que Dieu donne à l'homme tout ce dont il a besoin – bien que les théologiens traditionnels s'empresseraient ici de préciser qu'il s'agit seulement de nourritures spirituelles et de la force d'accepter les iniquités et tragédies de la vie. Même si la plupart des grandes religions n'interdisent pas à l'homme de rechercher la réussite, l'idée selon laquelle la paix d'esprit et le bonheur se trouveraient dans les biens matériels et l'argent est rejetée en masse. Dans *God in Search of Man : A Philosophy of Judaism* (1955), le rabbin Abraham Joshua Heschel, éminent théologien juif du xxᵉ siècle, s'est exprimé de manière brillante à ce sujet :

> Éblouis par les extraordinaires réussites de l'esprit en science et en technique, nous nous sommes convaincus non seulement que nous sommes les maîtres de notre planète, mais aussi que nos besoins et intérêts constituent l'étalon suprême de ce qui est bien ou mal.

> Le confort, le luxe et le succès sont des appâts qui nous font constamment saliver et qui nous empêchent de discerner clairement ce dont nous avons vraiment besoin, mais que nous ne désirons pas toujours. Ils nous rendent aveugles aux vraies valeurs, et notre intérêt personnel devient alors notre canne blanche, notre chien guide.

Même s'il n'est pas question ici d'examiner toutes les religions du monde, il est possible de déterminer si la loi d'attraction est cautionnée par celles-ci, du moins de la manière dont elle est présentée dans *Le Secret* : c'est-à-dire comme un moyen d'atteindre le bonheur matériel ainsi que la réussite terrestre, selon les définitions courantes données à cette dernière. Faute d'espace, je limiterai mon examen au christianisme, au judaïsme, au bouddhisme et à une autre religion, que Byrne semble presque à dessein omettre de mentionner, la science chrétienne, rejeton du courant de la pensée nouvelle et doctrine la plus proche de la philosophie du *Secret* et de la loi d'attraction.

Darren Sherkat, professeur de sociologie, estime que relier *Le Secret* à la religion est une excellente stratégie, puisque celle-ci donne à l'ouvrage une apparente légitimité. «Ce livre ne fera pas sauter la clôture aux fidèles d'une religion particulière, dit-il, parce qu'ils assistent aux réunions de prière chrétiennes ou pentecôtistes, et qu'ils ont leurs propres auteurs et pasteurs qui adaptent à leur confession leur discours sur le succès. Mais pour les individus qui n'appartiennent à aucune religion en particulier et qui s'intéressent en amateurs aux traditions, ce qui semble être commun à toutes les religions devient extrêmement séduisant et rassurant.»

Au lieu d'adorer une puissance supérieure – Dieu, Jésus ou Mahomet –, le croyant du *Secret* adore sa propre puissance et celle de l'univers. On dit que beaucoup d'adeptes croyants du *Secret* regardent le film de nombreuses fois. Plusieurs journaux rapportent que certains ont déjà vu le film 35 fois, et que d'autres écoutent le CD *Le Secret* soir et matin dans leur voiture, comme si cela allait leur donner un pouvoir d'attraction. Cela s'apparente aux formes classiques de la pratique religieuse, dans laquelle on répète des prières et on étudie des textes sacrés, comme la Bible ou le Coran. Traiter le DVD, le livre et le CD comme des agents matériels de pouvoir tient aussi du fétichisme. Le mot «fétiche» vient du latin *facticius*, qui signifie «artificiel». La plupart des experts s'entendent pour dire que le terme a probablement été utilisé à l'origine pour désigner les objets – amulettes, porte-bonheur ou autres gris-gris – auxquels on attribuait un pouvoir magique. De nos jours, les DVD et CD qui étincellent dans leurs superbes écrins sont quasiment devenus totémiques.

Henry Jenkins, professeur en médias au MIT, ne trouve pas étonnant que les gens regardent, lisent ou écoutent de nombreuses fois *Le Secret* dans leur dévotion à la loi d'attraction ou dans sa pratique : «Dans le matériel audiovisuel, il y a quelques genres que les gens regardent à répétition : l'exercice, la pornographie, les œuvres destinées aux enfants et le

matériel religieux. Les films du genre que vous regardez 15 fois
ne sont pas structurés de la même manière que ceux que vous
ne regardez qu'une fois, par exemple les films qui racontent
une histoire. Devant un film du premier genre, le spectateur a
le sentiment qu'il n'a pas tout compris et qu'il doit le regarder
à répétition pour saisir ce qu'il a manqué les premières fois. Le
fait de regarder un film ou de lire un ouvrage de nombreuses
fois peut provoquer des intuitions émotionnelles et permettre
au spectateur ou lecteur de saisir et de transmettre le sens
essentiel que recèlent les images ou les mots.»

Jenkins a étudié la manière dont les communautés religieuses, particulièrement les communautés chrétiennes, se
sont adaptées à la culture de «fans» et se sont lancées dans
ce qu'il appelle les «récits transmédiatiques» – c'est-à-dire
présentés sur supports médiatiques multiples – et dans les
activités destinées aux fans, afin d'élargir la confrérie.

Selon Jenkins, ressasser l'information, la méditer, y réfléchir et s'en servir pour prier serait ce qui donne à un ouvrage,
en l'occurrence au *Secret*, un pouvoir sacré. «Mon grand-
père, dit-il, qui avait quitté l'école après sa troisième année, a
lu la Bible six fois durant sa vie, ce qui est un exploit incroyable
pour quelqu'un de quasiment illettré.» *Le Secret* ne représen-
tant qu'une infime fraction de ce qu'est la Bible en ce qui
concerne le nombre de mots et le sens, il est plus facile à lire
et à relire. «Il n'y a pas grand-chose dedans, mais on y parle
de vérités spirituelles, et beaucoup de gens ont été trans-
formés par elles», remarque Jenkins. Le livre permet aussi à
beaucoup de personnes areligieuses ou rebutées par les religions organisées de trouver une vérité spirituelle en dehors
des contraintes morales imposées par la foi traditionnelle.

«En ce moment, il y a de plus en plus d'ouvrages spirituels qui touchent les non-croyants; ainsi le propos religieux

dépasse-t-il le cercle évangélique pour atteindre un plus vaste public, lequel est en quête de quelque chose qui l'aide à faire face à la vie moderne», dit Jenkins, qui souligne la popularité chez les non-croyants du livre du prédicateur évangélisateur Rick Warren, *A Purpose Driven Life.* «Warren est l'un de ces auteurs qui n'ont pas enterré la Bible dans leur œuvre, mais j'entends beaucoup parler de lui par des non-croyants qui trouvent dans son livre un sens profond. Il a donc trouvé une forme de langage pour s'exprimer en dehors du christianisme.»

Le principe «demandez, croyez et recevez» est répandu dans à peu près toutes les religions. Mais l'interprétation qu'en donne *Le Secret* l'inverse. Selon Darren E. Sherkat, professeur de sociologie, il s'agit d'un thème magique récurrent, mais ici, il ne s'agit pas de «recevoir» dans l'au-delà. «Le livre parle plutôt de la manière dont l'autre monde peut vous procurer des choses dans ce bas monde, dit-il. Plutôt que d'examiner la manière dont votre vie terrestre détermine votre vie après la mort, il s'intéresse à l'obtention de choses dans ce monde-ci.»

Sherkat reflète le point de vue de beaucoup de communautés de foi traditionnelle lorsqu'il affirme que cette perspective matérialiste est dangereuse et qu'elle est rejetée par la majorité des religions établies. «Elles ont compris que ce matérialisme est stérile à long terme, parce que quelques-uns seulement recevront quelque chose; la majorité des gens n'auront rien du tout», explique-t-il. Ce déséquilibre fait en sorte que cette religion n'aura aucune profondeur pour la majorité des gens, qui n'obtiendront ni la réussite ni les richesses espérées. Sherkat explique que lorsque vous promettez aux gens que leur seule foi leur fera obtenir quelque chose de matériel dans le monde réel, il leur est très facile de vérifier empiriquement la validité de votre promesse et, par conséquent, de la réfuter lorsqu'elle ne se réalise pas. Le danger, c'est de perdre vos adeptes, désillusionnés par la fausse promesse. La promesse de richesses dans l'au-delà ne peut, bien sûr, être prouvée ni réfutée. «Les groupes chrétiens qui réussissent ne font jamais de promesses définitives», assure Sherkat.

La théologie de la réussite, comme l'appelle Sherkat, est répandue dans les confessions chrétiennes conservatrices, protestantes ou catholiques, plus particulièrement dans beaucoup de congrégations afro-américaines pauvres. «On prêche beaucoup cette théologie devant ceux qui ont moins de chances que les autres de réussir, dit Sherkat. Elle peut être réconfortante pendant un an ou deux. Mais, trois ou quatre ans plus tard, lorsque ces fidèles se rendent compte que rien n'a changé dans leur vie, qu'ils sont encore prisonniers d'un emploi mal rémunéré, la religion prêchée paraît très superficielle. Cela est encore plus vrai lorsqu'ils ont donné régulièrement de l'argent à un prédicateur en complet blanc qui conduit une Rolls. Cette théologie peut être utile aux PDG, mais pas aux cadres moyens et intermédiaires, dont l'emploi n'est jamais assuré.»

L'autre point noir que présente la perspective du «tout ou rien» que requiert la croyance dans la loi d'attraction, c'est le sentiment de culpabilité que l'on peut éprouver lorsque ce qui était prévu n'arrive pas. «Il est très dangereux pour une religion établie de donner dans la pensée magique, dit Sherkat, que ce soit en disant aux fidèles qu'ils peuvent être riches ou guérir de telle ou telle maladie.» Le professeur de sociologie relate l'expérience qu'a vécue l'une de ses connaissances avec son ministre de l'Assemblée de Dieu: «Il lui a dit que son mari était mort du cancer parce qu'il n'avait pas une foi assez ardente. Elle ne l'a pas cru, parce qu'elle savait que son mari était un homme bon qui respectait tous les principes de sa religion. Le fait que ce ministre du culte conteste la foi de quelqu'un et risque de causer du tort à sa famille est dangereux. Les fidèles, outrés, se sont plaints, et le ministre a été renvoyé.» Malheureusement, il est allé fonder ailleurs une autre confession qui a fait son chemin.

L'attraction chrétienne

Byrne fait état d'autres religions, mais il y a dans le principe «demandez, croyez et recevez» du *Secret* une forte saveur chrétienne, bien qu'interprétée et adaptée en fonction du matérialisme du monde occidental contemporain. En ont été évacués les petits concepts empoisonnants, comme le sacrifice, la charité et la fraternité. Jenkins est d'avis que l'intégration du christianisme dans le courant dominant de la société – phénomène que certains appellent sécularisation – sert un but qui ne recueille pas l'assentiment de toute la chrétienté. «Lorsque des chanteurs rock chrétiens intègrent le courant dominant de la société, dit-il, ils masquent souvent leur message. Certains estiment que cela élargit la portée du message, d'autres, que cela le corrompt. On débat beaucoup de cela dans le monde fondamentaliste, où le matérialisme de la culture pop est souvent perçu comme contraire aux valeurs chrétiennes.» Par contre, Jenkins estime que les chrétiens ont toujours été experts dans l'art de manipuler les nouveaux médias pour propager leurs croyances, et que la culture pop leur permet d'exploiter divers médias afin de recruter de nouveaux jeunes fans de Jésus.

D'aucuns s'irritent du peu de foi que Byrne accorde à la Bible, attitude qu'elle a peut-être adoptée délibérément afin, comme le dit Jenkins, d'attirer les lecteurs que le contraire aurait pu rebuter. Le docteur Ben Johnson, qui fait partie du DVD et du livre, indique que «beaucoup des propos du livre, dont des termes précis, sont des citations presque intégrales de la Bible, mais [que] personne ne cite sa source». Laura Smith, de Lime Radio, constate que *Le Secret* met beaucoup de temps à reconnaître l'existence de Jésus : «J'étais arrivée à la page 40, et le nom de Jésus n'avait pas encore été mentionné.» C'est vrai. Ce n'est qu'à la page 69 que Byrne mentionne le Nouveau Testament et le principe «demandez, croyez et recevez», qu'elle décrit comme «un modèle facile à suivre si vous voulez créer tout ce que vous voulez, en 3 étapes simples». Voilà de la religion «régime» pour les masses quasi spirituelles.

Tout le monde ne trouve pas juste ou sans danger l'interprétation que *Le Secret* fait du principe «demandez, croyez et recevez». Oliver Thomas, pasteur de l'Assemblée baptiste du Sud et avocat constitutionnaliste actif dans les débats publics sur la religion, la science et l'éducation, auteur de *10 Things Your Minister Wants to Tell You: (But Can't, Because He Needs the Job)*, voit un côté très sombre au *Secret* : «Il contient des éléments théologiques parmi les plus destructeurs que j'aie vus ces dernières années, écrit-il dans un courriel. Il apportera désappointement, désillusion et culpabilité à des millions de gens crédules, mais de bonne foi. Ce n'est pas simplement une mauvaise théologie, c'est une théologie dangereuse.»

Selon Thomas, Byrne sort de son contexte la théologie du Nouveau Testament et la transforme en ce qu'il appelle «théologie de la prospérité». «Elle n'est pas la première à le faire, dit-il, on voit cela à la télévision depuis des années. Beaucoup de télévangélistes chrétiens se sont construit des empires grâce à cette ligne de pensée. » Pourtant, la plupart des théologiens expliquent le principe « demandez et vous recevrez » comme signifiant qu'il faut prier Jésus ou en Son nom, non pas de manière superficielle, mais en désirant les mêmes choses que le Christ demanderait ou voudrait pour le monde. « Lorsque nous prions Dieu de faire quelque chose, dit Thomas, cette chose doit être conforme à ce qu'Il voudrait voir se passer sur terre ; ce n'est pas demander une faveur personnelle. Dieu n'est pas un père Noël cosmique. »

Vous pouvez comprendre cela sans posséder de formation théologique si vous lisez attentivement les passages suivants de la Bible, faciles à comprendre :

Si vous demeurez en moi, et que mes paroles demeurent
en vous, demandez ce que vous voudrez,
et cela vous sera accordé.
— JEAN 15,7

Je vous dis encore que, si deux d'entre vous s'accordent
sur la terre pour demander une chose quelconque, elle leur
sera accordée par mon Père qui est dans les cieux.
— MATTHIEU 18,19

Et moi, je vous dis : Demandez et l'on vous donnera ;
cherchez, et vous trouverez ; frappez, et l'on vous ouvrira.
— LUC 11,9

Ne vous inquiétez de rien ; mais en toute chose faites
connaître vos besoins à Dieu par des prières et des
supplications, avec des actions de grâces.

— PHILIPPIENS 4,6

Selon Thomas, les chrétiens traditionnels considèrent la prière comme un moment où l'on fait correspondre ses intentions et pensées personnelles avec la volonté de Dieu. La prière doit être en accord avec la force transcendante de l'univers. « Lorsque vous priez comme cela, dit Thomas, votre prière est sacrificielle. » Au lieu de demander de l'argent, une voiture, une maison, la gloire ou la réussite de votre entreprise, vous sollicitez de l'aide et de la force, afin de surmonter les épreuves et malheurs de la vie. Par exemple : « Donne-moi, mon Dieu, la force d'aider mon voisin comme je le devrais », « Donne-moi la force de défendre mon camarade de classe gai que l'on ridiculise », ou encore « Donne-moi la patience dont j'ai besoin pour prendre soin de mon mari, qui souffre de la maladie d'Alzheimer. » Selon le pasteur, c'est cela que Jésus veut dire par « demandez et vous recevrez ».

« Cela me fait mal de voir un livre comme celui-là remporter tant de succès, dit-il. Pas parce que l'auteur en tire profit ; après tout, c'est l'*American way*. Mais après avoir lu le livre, je suis convaincu que les théories qu'il propose peuvent être néfastes pour des lecteurs innocents qui ne possèdent pas de formation en théologie. » Cet extrait de l'avant-propos du *Secret* renferme le type de promesse qui peut remplir d'espoir une personne désespérée, mais la dévaster si elle ne se réalise pas : « Peu importe qui vous êtes ou l'endroit où vous vivez, *Le Secret* peut vous donner tout ce que vous voulez. »

Thomas estime que lorsque l'être humain met sa foi dans ses pensées, l'inévitable arrive, c'est-à-dire que la vie suit quand même son cours normal : « Dieu n'est pas un grand marionnettiste qui contrôle tout. » Le pasteur fait remarquer que les Saintes Écritures disent qu'il pleut sur les justes comme sur les impies, que Dieu a imposé à l'univers certaines lois et contraintes, et que lorsque les choses vont mal, cela n'a rien à voir avec le fait que vous soyez bon, mauvais ou indifférent. « La vie est affaire de hasard, dit-il. Les bons pasteurs ne donnent pas de faux espoirs à leurs ouailles, et c'est ça le défaut du *Secret*. Il prétend que vous pouvez rester en bonne santé et devenir milliardaire en appliquant la loi d'attraction. En réalité, il y a des millions d'Américains qui s'effondreraient s'ils cessaient de prendre leurs médicaments. » J'ajouterais « ou s'ils quittaient leur emploi, convaincus qu'ils deviendront riches en y pensant intensément, assis dans leur salon ».

Thomas trouve malheureux que des ministres du culte chrétien prêchent une telle idée : « J'écoutais Oral Roberts à la télé, et il a dit quelque chose comme : "Posez les mains sur votre téléviseur et croyez que Dieu peut faire un miracle pour vous !" J'ai alors pensé à toutes ces personnes âgées à faibles revenus qui allaient lui obéir pour soigner leurs maux de dos, et qui enverraient ensuite un chèque au prédicateur. »

Comme Thomas, beaucoup de ministres du culte de l'Église pentecôtiste croient aux guérisons miraculeuses. Cependant, lui fait une distinction : il ne sait pas pourquoi la guérison se produit (tandis que les pentecôtistes peuvent dire qu'elle est le fait de la volonté de Dieu ; *Le Secret* affirme qu'elle résulte directement de la pure pensée positive). « Les médecins grisonnants vous diront qu'ils ont été témoins de tels cas, mais l'idée selon laquelle la guérison n'arrive qu'aux individus dont la foi est assez fervente jette de nombreux malades dans le désespoir et la dépression, dit-il. Il y a beaucoup de choses dans la vie qui sont aléatoires et qui ne relèvent en rien de notre attitude.»

Judaïsme : intention et transformation

Byrne affirme que la loi d'attraction secrète est présente dans le judaïsme. Mais il semble douteux que les enseignements du Talmud soient destinés à l'enrichissement personnel. Geoffrey W. Dennis, rabbin de la congrégation Kol Ami de Flower Mound, au Texas, et auteur de *Encyclopedia of Jewish Myth, Magic and Mysticism* (2007), estime qu'il y a des liens ténus entre la loi d'attraction et le judaïsme. Il explique que, dans le mysticisme judaïque, la notion de *kavanah*, c'est-à-dire la bonne intention à donner à ses prières et à ses actions, rend honorables ces actions, qu'elles soient rituelles ou morales. «La *kavanah* a un pouvoir cosmique ; Dieu souhaite vraiment que nous soyons ses partenaires dans la transformation du monde, dit-il. Mais ce pouvoir n'est pas destiné à être utilisé pour un avantage personnel.»

Dans notre contexte, le *Tikkoun olam* est un autre concept important du judaïsme, selon le rabbin Dennis. «Il signifie qu'on "répare le monde", dit-il, lorsqu'on prend au sérieux la mission que Dieu nous confie. C'est paradoxal, puisque nous sommes de petites cellules faibles, mais dotées de l'extraordinaire pouvoir de compléter l'œuvre de la création.» Il établit ce qui distingue ces notions de l'orientation vers la réussite qui marque *Le Secret*. «L'objectif n'est pas le confort personnel, non plus qu'un profit ou une récompense. Le recours à la *kavanah*, l'intention, ne fait pas de nous des êtres généreux. C'est le prolongement de notre amour de Dieu.»

La pensée positive – l'attraction des choses semblables – a toujours un aspect qui pose un problème, selon le rabbin Dennis, qui illustre le dilemme de cette manière : « Sur le chemin de la maison, vous apercevez des flammes qui s'élèvent au loin dans votre quartier. Vous priez Dieu que la maison en flammes *ne soit pas* la vôtre. Premièrement, l'incendie étant déjà déclaré, vous demandez à Dieu de changer la réalité ; deuxièmement, en priant pour que ce ne soit pas votre maison qui soit touchée, vous priez pour que ce soit celle d'un voisin qui brûle.» Par souci de réalisme et de rectitude morale, vous devriez probablement vous abstenir d'attendre certaines choses de Dieu.

Le judaïsme tient pour principe que tout ce qui arrive arrive pour une raison, dit Dennis, et c'est un concept parfois difficile à accepter lorsqu'il s'agit d'une tragédie ou d'une épreuve. « Mais affirmer que chaque expérience vécue a de la valeur nous permet de conclure que la vie a un sens, explique-t-il. Cela ne vaut-il pas mieux que d'avoir le sentiment que les événements sont dénués de sens ? Si nous réfléchissons à notre vie passée, nous pouvons toujours y voir l'empreinte de Dieu. Il se révèle toujours dans cette rétrospective.»

Nous sommes investis d'un pouvoir et jouissons de capacités qui frisent le divin, dit Dennis, mais ni la pensée magique ni la matérialisation des pensées ne collent au judaïsme. Le problème, selon lui, c'est que notre esprit est de nature divine, et que nous pouvons imaginer que nous sommes divins et nous rapprocher de cet état pour faire tout ce que nous voulons. Mais l'expérience humaine fait en sorte que nous ne pouvons pas toujours tout accomplir, parce que nous sommes limités. «Nous devons trouver l'équilibre entre la réalité de notre pouvoir et notre destin. Certains domaines échappent complètement à notre volonté. La réalité, c'est que nous allons tous vieillir, que nous allons tous mourir, et que nous sommes tous obligés de laisser notre classe de troisième année, notre préférée, pour passer à la suivante. Vous connaissez le principe [des AA] : "Donnez-moi la sérénité d'accepter les choses que je ne peux changer, le courage de changer celles que je peux changer, et la sagesse de distinguer les premières des secondes."»

Détour du sentier du bouddhisme

Byrne cite Bouddha : « Tout ce que nous sommes est le résultat de ce que nous avons pensé » pour affirmer que nos pensées créent la réalité et que nous pouvons attirer vers nous des choses bonnes ou mauvaises. John Suler, professeur de psychologie à l'Université Rider, fait remarquer que la loi d'attraction n'a que des liens très ténus avec les racines du bouddhisme : « Parmi les éléments du "noble sentier octuple" du bouddhisme – principes d'une vie heureuse –, on compte la "pensée juste" et la "parole juste", qui reviennent en fait à penser et à parler de manière positive. C'est un peu le principe de récolter ce qu'on a semé. Si vous pensez et parlez positivement, si vous émettez des "ondes positives" dans l'univers, c'est ce que vous recevrez en retour.»

Le bouddhisme, l'une des plus anciennes des religions pratiquées aujourd'hui, remonte au troisième siècle avant notre ère. À l'époque, c'était une foi peu connue, fondée sur la philosophie de Siddharta Gautama (le Bouddha), qui a renoncé à sa vie de luxe pour embrasser une spiritualité dans laquelle il a étudié la vraie nature de la vie, étude qui lui a procuré des intuitions. La méditation est un élément essentiel de la pratique bouddhique. Elle sert à développer des caractéristiques bénéfiques, comme la conscience, la bonté et la sagesse, lesquelles peuvent entraîner un état d'illumination. Les bouddhistes n'adorent pas un créateur unique ou un dieu, ce qui pousse certains à considérer le bouddhisme comme une philosophie plutôt que comme une religion. Et beaucoup d'individus qui se considèrent fidèles d'une religion traditionnelle, comme le christianisme ou le judaïsme, pratiquent la philosophie bouddhiste en plus de leur foi, sans ressentir de conflit entre les deux.

Richard Seager, professeur agrégé d'études religieuses au Hamilton College, expert en matière de bouddhisme américain et auteur de *Buddhism in America* et de *Encountering the Dharma*, estime que les bouddhistes pensent énormément aux avantages temporels que leur procure leur religion. Les versions japonaises de celle-ci ont historiquement mis l'accent sur les avantages qui découlent de son observance et de sa pratique. «L'idée voulant qu'on pratique une religion pour en tirer quelque chose est perceptible partout dans les groupes bouddhistes japonais, explique-t-il. Cette idée s'inscrit dans le cadre de référence japonais qui s'intéresse aux besoins réels de ceux qui souffrent. Si vous mourez de faim, vous pouvez psalmodier pour obtenir de la nourriture ; si vous êtes chômeur, vous psalmodierez pour trouver un emploi.»

Lorsqu'il parle du pragmatisme bouddhique, Seager fait spécifiquement référence au mouvement Soka Gakkai, qui fait la promotion de la paix mondiale et du bonheur individuel, et qui se fonde sur les enseignements du bouddhisme mahayana, très répandu au Japon après la Seconde Guerre mondiale. «Les dépossédés du pays ont chanté pour obtenir les choses concrètes nécessaires à leur survie après la guerre. Les croyants font toujours la distinction entre les avantages manifestes ou concrets et les avantages inaperçus ou spirituels.»

Lorsque ce mouvement s'est déplacé vers l'Occident et qu'il a coïncidé avec ce que plusieurs voient comme la montée du narcissisme culturel aux États-Unis, l'accent mis sur le matériel a été déformé et s'est posé sur les avantages concrets qui ne sont pas essentiels à la vie (comme le sont un emploi ou de la nourriture). «Le mouvement s'attache au plus petit dénominateur commun; il devient très général et finit par ressembler à s'y méprendre à celui de la pensée nouvelle», dit Seager.

Une autre façon de considérer les avantages dans le bouddhisme, laquelle a peut-être un faible lien avec la loi d'attraction, se trouve dans ce que Seager appelle la noble vérité voulant que l'existence soit souffrance. «Le revers de cette vérité, c'est que le bouddhisme dit qu'il existe des moyens d'échapper à cette souffrance et de trouver le bonheur», dit-il. Et l'attirance des bonnes choses vers soi est reliée au karma. «Si vous avez un penchant philosophique, le bonheur se situera sur un plan spirituel ou se manifestera par des avantages inaperçus», poursuit-il.

Selon lui, une bonne partie de la philosophie bouddhiste affirme l'existence d'un lien entre l'esprit et le cosmos, et c'est peut-être à ce concept que Byrne fait référence quand elle dit que son Secret se trouve dans le bouddhisme. Il explique cela en ces mots: «Dans le sens le plus large possible, pour le bouddhiste mahayana, il n'y a pas de distinction entre l'esprit ici et l'univers là, parce qu'ils relèvent de la même réalité. J'associe plutôt ce point de vue au bouddhisme chinois, à l'idée que toute la vie est un rêve. Cependant, c'est là une position extrême, et je crois que la perspective moderne met davantage l'accent sur la satisfaction des besoins sociaux.»

Une religion de guérison

L'Église de la science chrétienne, aussi appelée Église du Christ, Scientiste, est une petite confession protestante qui pratique la guérison chrétienne d'une manière qui est censée refléter les guérisons opérées par Jésus et ses disciples. Selon Stephen Barrett, qui dirige le site Web Quackwatch, le nombre de fidèles de l'Église, qui n'a jamais été très élevé, a constamment diminué au cours des 30 dernières années. Le nombre de congrégations est tombé de 1829, en 1971, à 1010 en 2005. Le nombre de praticiens de la science chrétienne (guérisseurs) et de professeurs a aussi considérablement décru, d'un maximum de 4965 en 1971, à un minimum historique de 1161. Aujourd'hui, comme naguère, ces guérisseurs et professeurs se concentrent surtout en Californie (1246 et 259, respectivement), peut-être parce que c'est l'État le plus populeux des États-Unis. Le Massachusetts, où se trouvent l'Église mère et les bureaux du journal *Christian Science Monitor,* ne compte plus que 101 praticiens aujourd'hui, par rapport à 295 en 1971. En ce qui concerne le nombre de membres, la Floride, l'Illinois et l'État de New York occupent la tête du peloton, après la Californie.

Mary Baker Eddy a fondé cette secte en 1879. Son livre, *Science et santé avec la clé des écritures,* constitue le texte fondamental utilisé par les membres de l'Église. Comme nous l'avons vu au chapitre 4, Phineas Quimby, qui aurait été l'un des fondateurs du mouvement de la pensée nouvelle, a largement inspiré à Eddy, lorsqu'elle l'a rencontré, d'abord comme patiente, la thèse voulant que la maladie soit une illusion. En effet, c'est à cette époque qu'est née dans l'esprit d'Eddy la conviction que la maladie est une construction mentale, conviction que partage Rhonda Byrne.

En 1866, après être tombée dans la rue et s'être blessée au dos, Eddy s'est soignée elle-même en étudiant la Bible, laquelle, prétend-elle, aurait guéri sa lésion spinale (bien que les archives révèlent qu'elle a poursuivi la ville de Lynn, au Massachusetts, en raison des séquelles permanentes de son accident). Elle a consacré le reste de sa vie à la création d'un réseau d'églises et de salles de lecture dans tous les États-Unis. À l'âge de 87 ans, elle a fondé *The Christian Science Monitor*, journal respecté et toujours publié.

Voici les trois principaux articles de foi de la science chrétienne, selon le site Web de l'Église :

1. Dieu est amour divin, Père-Mère suprême.
2. La vraie nature de chaque individu en tant qu'enfant de Dieu est spirituelle.
3. La bonté infinie de Dieu, réalisée dans la prière et l'action, guérit.

Laura Smith, directrice de la programmation de Lime Radio, dit que c'est par l'intermédiaire de la science chrétienne qu'elle a fait connaissance avec la métaphysique, grâce à un dépliant trouvé dans la gare Grand Central de New York. « Ça me semblait tout à fait logique, dit-elle. Je ne fais plus partie de l'Église, mais je me sers de sa prémisse de la science métaphysique. » L'absence de la science chrétienne dans *Le Secret* n'étonne pas Smith, selon qui l'auteur l'aurait omise parce que trop de gens la comprennent mal. « Les gens pensent toujours qu'il s'agit d'une religion qui se passe de médecins et qui pratique la guérison spirituelle. Cela rebute les gens. »

L'évaluation de Smith n'est pas très éloignée de la vérité, puisque la science chrétienne voit la maladie comme une illusion qu'un praticien peut dissiper grâce à la prière qui guérit. «Le chapitre du *Secret* consacré à la santé me rappelle la science chrétienne, dit le pasteur Thomas. Il m'arrive de temps à autre de rencontrer d'anciens scientistes qui ont perdu un enfant à cause d'une maladie simple qui aurait pu être traitée de manière non effractive par des antibiotiques. Ça, c'est horrible.» *Le Secret* ne pousse pas l'idée de l'abandon de la médecine aussi loin que le fait la science chrétienne, mais prône la théorie voulant qu'une bonne attitude mentale donne une santé parfaite. «Voilà qui ne fait que compliquer les troubles de santé dont souffrent les Américains, dit Thomas, sans offrir d'aide véritable ou de conseils utiles. Si je me vautre sur mon sofa en nourrissant des pensées positives, je n'irai jamais faire de l'exercice au gym. Cette attitude est tout à fait contraire à ce qu'est un style de vie sain.»

Bien que la santé, mentale et physique, se situe au cœur de la pensée de la science chrétienne, il n'est pas fait mention de la loi d'attraction en tant que telle dans l'ouvrage d'Eddy, *Science et santé avec la clé des écritures*. Le passage suivant, toutefois, n'est pas étranger au principe d'attraction des semblables:

Nous pleurons parce que d'autres pleurent, nous bâillons parce que d'autres bâillent et nous contractons la variole parce que d'autres en sont atteints. Mais c'est l'esprit mortel, pas la matière, qui porte et propage l'infection. Lorsque nous comprendrons le mécanisme de cette contagion mentale, nous serons plus prudents dans nos pensées; nous éviterons de bavarder sans fin de la maladie, comme nous éviterions de prôner le crime. Ni la sympathie ni la société ne doivent jamais nous inciter à entretenir l'erreur, et nous ne devrions certainement pas nous faire les champions de l'erreur.

En ce qui a trait au pouvoir de l'esprit, Eddy écrit :

La science chrétienne explique toute cause et tout effet comme étant mentaux, non physiques. Elle lève le voile de mystère qui recouvre l'âme et le corps. Elle montre la relation scientifique de l'homme avec Dieu, démêle les ambiguïtés enchevêtrées de l'être et libère la pensée emprisonnée. Dans la science divine, l'univers, y compris l'homme, est spirituel, harmonieux et éternel. La science révèle que ce qui est appelé matière n'est que l'état subjectif de ce que l'auteur appelle esprit mortel.

Eddy ne parle pas du principe « demandez, croyez et recevez » et semble ne pas du tout apprécier la vanité humaine et le matérialisme :

La beauté, la richesse ou la gloire ne peuvent satisfaire les attentes du cœur, et ne doivent jamais l'emporter sur les vraies valeurs que sont l'intelligence, la bonté et la vertu. Le bonheur est spirituel, né de la vérité et de l'amour. Il n'est pas égoïste ; par conséquent, il ne peut exister seul, mais demande que toute l'humanité y participe.

Eddy lance un sévère avertissement à ceux qui se servent de la science mentale pour des motifs égoïstes :

> La pratique de la science mentale ne peut souffrir aucun abus. L'égoïsme est étranger à la pratique de la vérité ou de la science chrétienne. Si la pratique mentale est détournée ou utilisée autrement que pour promouvoir la pensée et l'action droites, le pouvoir de guérison mentale du praticien s'affaiblira jusqu'à ce qu'il le perde totalement.

L'accent que met *Le Secret* sur la réalisation de rêves matérialistes, que rejette la majorité des religions organisées sauf la théologie de Wall Street, pourrait être vu par les esprits optimistes comme un moyen d'attirer les lecteurs vers une vie spirituelle, dans l'espoir qu'un motif plus élevé finira par les gagner. L'avenir dira si cet optimisme est fondé ou non. Ces lecteurs pourraient trouver difficile le bond en avant. Selon le sociologue Darren Sherkat, quand les lecteurs se rendront compte que le truc ne fonctionne pas, beaucoup d'entre eux, surtout ceux qui souffrent de légers troubles mentaux – clientèle qu'il estime attirée davantage que les autres par les cures miracles –, se laisseront attirer par d'autres solutions magiques. « L'entrepreneur en affaires spirituelles suivant pourra alors remplacer celui qui a épuisé ses adeptes. »

Pour le pasteur baptiste Oliver Thomas, qui croit que la religion doit affirmer la vie, et non pas la nier, le message du *Secret* pose un problème et risque de dégoûter les gens de toute foi s'ils sont désillusionnés par la spectaculaire promesse du livre. « C'est pernicieux, dit-il, parce que le livre semble en surface célébrer la vie et la joie, mais si vous grattez un peu, vous voyez qu'il prétend que la vie est quelque chose qu'elle n'est pas. » Thomas se rappelle ce que le docteur Albert Schweitzer et le pasteur luthérien allemand Dietrich Bonhoeffer ont tous deux dit au sujet du but élevé de la foi, ce qui fait contraste avec *Le Secret* :

Cherche toujours à faire le bien quelque part. Chaque homme doit chercher à sa propre manière à réaliser son plein potentiel. Tu dois consacrer du temps à tes semblables. Rappelle-toi que tu ne vis pas seul dans un monde à toi. Tes frères y vivent aussi.

— Albert Schweitzer

La grâce à bon marché est l'ennemie mortelle de notre Église. Actuellement dans notre combat, il y va de la grâce qui coûte. La grâce à bon marché, c'est la grâce considérée comme une marchandise à liquider, le pardon au rabais, la consolation au rabais, le sacrement au rabais [...] Car on se dit que, selon la nature même de la grâce, la facture est d'avance et définitivement réglée. Sur la foi de cette facture acquittée, on peut tout avoir gratuitement.

— Dietrich Bonhoeffer, *Le prix de la grâce*

TROISIÈME PARTIE

Génies, philosophes, déments et voleurs – connaissaient-ils vraiment le Secret?

L e *Secret* fait mention de bon nombre de sommités de diverses disciplines et époques en lien avec la loi d'attraction. Byrne dit que des gens d'horizons aussi variés que Shakespeare, Emerson, Beethoven et Henry Ford appliquaient la loi, même s'ils n'en étaient pas conscients. Le sujet est intéressant: Platon, Carl Jung, Robert Browning, Ralph Waldo Emerson et Albert Einstein ont-ils mis en pratique, fût-ce sans le savoir, la loi d'attraction? Croyaient-ils que leurs pensées pouvaient se matérialiser? Leur réussite est-elle fondée sur le principe «demandez, croyez et recevez»? Ou serait-ce que quiconque gagne gloire et fortune, dans le domaine de la création ou dans celui de l'industrie, est de par sa réussite même un utilisateur de la loi d'attraction, quelles que soient ses croyances? Si c'était là l'explication que souhaitent livrer les tenants de la loi d'attraction, il serait probablement inutile de scruter la vie de ces hommes. Byrne pourrait dire que quiconque a accompli quelque chose d'important dans sa vie l'a fait en appliquant la loi d'attraction, le raisonnement étant que le talent, l'argent, la gloire et la réussite sont *toujours* des résultats de la loi d'attraction. Mais je ne suis pas convaincue que ce soit le cas. J'estime que s'en tenir à ce raisonnement reviendrait à minimiser les réussites (ou échecs) de ces hommes.

Après avoir sélectionné neuf des hommes que Byrne mentionne dans son livre, j'ai cherché à savoir si on pouvait ou non attribuer leur réussite ou leurs accomplissements dans le domaine de l'art ou dans celui de l'industrie à l'application de la loi d'attraction. Dans le domaine des arts, je me penche sur le compositeur Ludwig van Beethoven, le dramaturge William Shakespeare et l'écrivain Ralph Waldo Emerson. Je m'intéresse ensuite à trois hommes qui, chacun à sa façon, ont exercé une influence déterminante sur le xxᵉ siècle : Thomas Alva Edison, Winston Churchill et Albert Einstein. Dans le monde des affaires, je choisis Andrew Carnegie, William Clement Stone et Henry Ford.

Je ne tente pas ici d'établir la biographie complète de ces grands personnages. Il en existe déjà de nombreuses de la plupart de ces hommes, sinon de tous. J'ai plutôt examiné leur vie à travers le prisme de la loi d'attraction. Où et quand cette loi a-t-elle pu se manifester dans leur histoire et dans la manière dont ils ont vécu ? Comment s'est-elle ou ne s'est-elle pas manifestée ?

Les discussions philosophiques valides ne manquent pas sur la question de savoir si le talent est inné ou acquis, ou s'il est plus probablement les deux. C'est en forgeant qu'on devient forgeron – pour qu'un talent naturel se développe en quelque chose d'exceptionnel, il faut du travail. Tous les personnages dont je parle dans cette partie du livre ont été des hommes dynamiques, passionnés, déterminés à réaliser leurs projets, même si leur génie était parfois mâtiné de folie, comme cela semble avoir été le cas de Henry Ford. Ce n'est certes pas la pensée à elle seule qui a valu à ces hommes la place qu'ils occupent dans l'histoire.

CHAPITRE 7

Les créateurs : Beethoven, Shakespeare et Emerson

D'où vient la créativité artistique ? Est-ce une caractéristique innée, un état déterminé par des dispositions naturelles ou par des expériences personnelles, ou un peu des deux ? Pourquoi certains êtres doués peuvent-ils exploiter leurs dons, tandis que d'autres, tout aussi doués, ont de la difficulté à attirer l'attention et l'admiration du public ? Il y a autour du génie créatif une aura de mystère et de magie, parce qu'il diffère des autres activités cognitives, comme la résolution de problèmes ou la simple mémorisation des faits et des chiffres. La nature même de la créativité la rend sujette à toutes sortes d'interprétations surnaturelles – et qui sait ? Le génie semble relever du divin. Beethoven, Shakespeare et Emerson ont-ils cherché leur inspiration dans l'univers ? Ont-ils cru que leurs capacités venaient *exclusivement* du cosmos ? Le corpus des ouvrages analysant l'esprit et l'œuvre de ces trois hommes est immense ; tenter de répondre à ces questions en si peu de pages serait non seulement impossible, mais répréhensible. Malgré tout, un bref regard sur leur vie et sur leur œuvre nous permettra de tirer certaines conclusions sur leur philosophie personnelle par rapport à la loi d'attraction.

Beethoven : amour et musique

Beethoven est considéré comme l'un des plus grands compositeurs de l'histoire de la musique. Né à Bonn en 1770, il déménage à Vienne en 1792, où il s'éteint en 1827, à l'âge de 56 ans seulement. Son talent musical se manifeste dès l'enfance et, durant une période où son père cultive la pensée positive, il est encouragé – certains disent forcé – à développer sans relâche sa technique de pianiste. Le père rêve de réussite et de richesse pour son fils (et pour lui-même aussi), parce qu'il sait quel genre de gloire et de fortune son talent musical a valu à Mozart. Musicien professionnel, Ludwig van Beethoven est apprécié comme pianiste soliste, mais il joue également du violon avec beaucoup de talent. On s'accorde pour dire qu'il est un bon voisin, un ami loyal et un amant de la nature (ses maisons d'été sont toujours situées dans les forêts des environs de Vienne) ; il considère que tout est possible dans la vie.

Le compositeur vit durant une époque de transition, tant sur le plan de la musique que sur celui de la société. Musicalement, il se situe à la jonction de la période classique – rigueur formelle et simplicité harmonique – et de la période romantique – structure plus libre et expression parfois explosive. C'est aussi à son époque que les musiciens doivent, pour la première fois de l'histoire, être autonomes, au lieu d'être intégrés dans le système social et économique d'une cour ou d'une église.

Mozart est l'ancêtre des «pigistes» en musique, mais Beethoven reste l'un des premiers compositeurs à gagner sa vie de manière indépendante. Bien sûr, tous deux sont tributaires de la famille royale et de l'aristocratie, qui traitent Beethoven plutôt bien. Cependant, ce dernier n'accepte pas de ne pas être considéré comme leur égal ; il ne peut pas, par exemple, épouser une demoiselle de la cour.

Beethoven est populaire auprès des connaisseurs, et des aristocrates mécènes s'entendent pour lui verser un traitement, afin qu'il puisse se consacrer à la composition sans souci d'argent pendant la majeure partie de sa vie. Cette dépendance se trouve être une arme à double tranchant. D'une part, il se sent en sécurité et libre de composer ce qu'il veut. D'autre part, il doit se plier à un système de classe qu'il a tendance à condamner. Il ne se montre pas ingrat, mais il s'irrite parfois – comme c'est le cas durant une soirée mondaine où des invités ont l'impudence de bavarder pendant qu'il donne un récital de piano solo. On dit qu'il a bondi de son banc pour s'écrier : « Il y a beaucoup de nobles, mais un seul Beethoven. »

Il a une vision universaliste du monde, laquelle contraste avec les distinctions de classes rigides qui prévalent à son époque. Les paroles de sa neuvième symphonie, par exemple, expriment l'idée de la fraternité entre tous les hommes, sentiment romantique fort différent de la perspective dominante d'alors, dans laquelle les hommes sont définis en fonction de leur rang à la naissance. Beethoven éprouve de la sympathie pour les révolutions française et américaine ; jusqu'à ce que Napoléon s'autoproclame empereur, Beethoven admire le conquérant, persuadé que celui-ci unifiera l'Europe et y instaurera un régime démocratique. Beethoven est profondément désappointé par son héros ; il ira jusqu'à supprimer le nom de Napoléon dans sa troisième symphonie.

En ce qui a trait à la loi d'attraction, Beethoven croyait à l'égalité de tous les hommes et à ses propres pouvoirs en tant que compositeur. Le site Web du *Secret* affirme qu'il était «considéré comme rose-croix», sans préciser par qui. Je n'ai trouvé aucune référence à cette adhésion dans les six biographies les plus réputées du compositeur, qu'il s'agisse de la très célèbre *Life of Beethoven*, de Thayer, ou de celles qu'ont écrites Edmond Morris, Maynard Solomon, Lewis Lockwood, Anton Felix Schindler et Russell Martin. Le besoin pressant qu'il éprouvait de composer a sûrement été le résultat d'une «pensée positive» – puisque toute créativité naît et est entretenue ainsi. La vie de Beethoven était centrée sur la musique, qui lui donnait la force de ne pas se laisser arrêter par ses très réels défauts, qui auraient pu stopper net un homme de moindre envergure.

La surdité croissante de Beethoven, sa petite taille, son visage grêlé et son apparence peu attirante (son hygiène personnelle était probablement déficiente) l'ont sans doute poussé à se replier sur lui-même et à s'enfermer dans sa musique, qui a fini par devenir son seul moyen de communication. D'aucuns diront qu'il a abordé la composition musicale avec une attitude positive inébranlable et avec amour. Il a compris que l'art pouvait être un langage universel susceptible de réjouir ou de soulever tout le monde, et il a été le premier compositeur à véritablement exprimer dans sa musique toute la gamme des émotions humaines. Sa musique est d'une puissance extrême, certes, mais elle est aussi largement appréciée, et c'est ce qu'il voulait.

Beethoven était un homme de principes, si l'on en croit Ignaz von Seyfried, son ami et confrère musicien. En 1832, von Seyfried a écrit un ouvrage, *Beethovens Studien*, dans lequel il évoque avec exactitude, dit-on, l'amitié qu'il a entretenue avec le compositeur. Il décrit Beethoven comme un homme qui attendait de ses amis la même droiture qu'il affichait – ce qui signifie qu'il a eu parfois de la difficulté à tisser des liens d'amitié et à les entretenir. Von Seyfried écrit que la justice, la décence personnelle, l'esprit dévot et la pureté religieuse avaient beaucoup d'importance pour Beethoven. Il estimait qu'un homme devait tenir parole, et ses amis ont vite compris qu'une promesse rompue suscitait sa colère.

Il se peut que le compositeur ait atteint des états de conscience élevés en jouant, en composant et en écoutant de la musique. Dans *Beethoven: His Spiritual Development* (1927), J. W. N. Sullivan écrit au sujet des derniers quatuors du compositeur : « Beethoven avait atteint un état de conscience que seuls les grands mystiques ont jamais atteint, un état dans lequel la dissonance n'existe plus. Et en l'atteignant, il a conservé l'entièreté de son expérience de la vie, sans rien renier. » Selon Sullivan, lorsque Beethoven n'avait que 22 ans, après avoir quitté la scène musicale locale de Bonn pour rejoindre la scène plus internationale de Vienne, le prodige était parfaitement conscient de son immense talent et y accordait beaucoup de valeur : « Au début de la vingtaine, lorsqu'il a déménagé à Vienne, il l'a fait avec une assurance courageuse de même mesure que sa puissance et son originalité, une assurance absolument nécessaire à la sauvegarde de cette originalité. »

La bibliothèque personnelle de Beethoven renfermait divers ouvrages philosophiques et historiques, de la poésie et d'autres œuvres littéraires des auteurs de l'époque, dont certains comptaient parmi ses connaissances. L'intérêt qu'il portait au langage de la beauté prouve sans l'ombre d'un doute qu'il jetait un regard positif sur l'homme et sur la nature. Sur ses tablettes, beaucoup de livres, écornés par l'usage, avaient été manifestement lus avec attention – des sections y étaient annotées au crayon, et des pages étaient repliées en guise de signets. Selon l'un de ses contemporains, Anton Felix Schindler, l'*Odyssée* et ses merveilleux récits de héros, de lieux et d'aventures «ne cessaient de le ravir».

Dans *Beethoven As I Knew Him* (1860; traduit en anglais et republié en 1966 et 1996), Schindler écrit que Beethoven possédait les œuvres complètes de Shakespeare, des ouvrages de Goethe, ainsi que la poésie de Friedrich Schiller, de Christoph August Tiedge et d'autres poètes de son temps. Platon, Aristote, Plutarque, Xénophon, Pline, Euripide, Quintilien, Ovide, Horace, Ossian, Milton et Thomson étaient également présents dans sa bibliothèque, et on peut trouver des idées tirées de ces ouvrages dans ses journaux et dans des lettres envoyées à ses amis. L'un des livres préférés de Beethoven, introuvable aujourd'hui, *Briefe an Natalie uber den Gesang de Nina d'Aubigny von Engelbronner*, portait sur l'art du chant.

Élevé dans la foi catholique, Beethoven jeune homme s'est forgé sa propre opinion de la religion, probablement parce qu'il est passé à l'âge adulte durant le Siècle des lumières. Selon ses propres paroles, il était conscient de l'ordre divin de l'univers, et croyait que la beauté et la musique résultaient d'une puissance supérieure. Les citations suivantes illustrent avec éloquence sous quelle perspective Beethoven voyait le monde, perspective bien plus complexe que l'interprétation simpliste que pourrait en donner la loi d'attraction.

En 1816, il écrit dans son journal: «Ce n'est pas l'union fortuite d'accords qui a créé le monde; si l'ordre et la beauté sont reflétés par la constitution de l'univers, alors il y a un Dieu.»

Dans une lettre envoyée en 1811 à la poétesse Elsie von der Recke, il dit: «Le Ciel règne sur la destinée des hommes et des monstres [c'est-à-dire des êtres humains et non humains]; il me guidera donc, moi aussi, vers les meilleures choses de la vie.»

En 1816, un ami malade a reçu par écrit ce conseil de Beethoven: «Il en va de même des êtres humains; dans cet état aussi (dans la souffrance), nous devons manifester notre force, c'est-à-dire endurer notre mal sans nous sentir insignifiants, et atteindre de nouveau la perfection, ce dont le Très-Haut souhaite nous rendre dignes.»

Dans une lettre rédigée en 1810, le compositeur réfléchit à Dieu: «Je n'ai pas un seul ami; je dois vivre seul. Mais je sais que Dieu est plus proche de moi qu'Il ne l'est des autres praticiens de mon art. Je m'associe à Lui sans aucune peur; je L'ai toujours reconnu et compris. Je ne crains rien pour ma musique, qui ne peut pas connaître de sort funeste. Ceux qui la comprennent doivent s'affranchir de toutes les misères qu'ils traînent avec eux.»

Lorsqu'il a écrit ceci, entre 1816 et 1817, Beethoven a prouvé qu'il comprenait que la réussite requiert de durs efforts, pas seulement la foi en soi: «Il n'existe pas encore de frontières qui empêchent le talent et l'industrie d'aller plus loin.»

La déclaration qui suit, écrite au début des années 1800, peut être interprétée comme relevant de la loi d'attraction, mais elle met aussi en relief le fait que Beethoven croyait au pouvoir de l'amour et de la beauté: «La haine agit sur ceux qui la nourrissent.»

Aux yeux de Beethoven, la création musicale était la poursuite spirituelle la plus élevée. C'est pour elle qu'il vivait; il a déployé sa pensée et son imagination pour composer une musique qui résonne dans le cœur de l'homme depuis des siècles. Mais aucune de ses compositions n'aurait vu le jour s'il n'avait trempé sa plume dans l'encrier afin de coucher sur papier les notes qui dansaient dans sa tête.

La compagnie de Shakespeare

William Shakespeare, né en avril 1564 à Stratford-upon-Avon, a passé la plus grande partie de sa vie à travailler sur la scène londonienne. À l'âge de 18 ans, il a épousé Anne Hathaway, qui lui a donné 3 enfants : Susanna, l'aînée, ainsi que Judith et Hamnet, faux jumeaux. Hamnet est décédé en bas âge. Shakespeare était déjà établi sur le plan professionnel au début des années 1590, non seulement en tant que dramaturge, mais aussi comme acteur et copropriétaire d'une troupe de théâtre. Il a connu l'estime des critiques et la réussite commerciale ; bien entendu, ses pièces sont encore jouées aujourd'hui, sur les scènes de Broadway comme dans les écoles secondaires de nombreux patelins. Les historiens croient que Shakespeare s'est retiré à Stratford au début des années 1600, probablement entre 1610 et 1613. Il est mort en 1616.

Le meilleur moyen d'interpréter ce que croyait Shakespeare en matière de spiritualité ou de religion, du moins dans le contexte du *Secret*, c'est d'analyser ses textes. Shakespeare n'était ni païen ni théiste, bien que subsistent de vifs débats à propos de ses croyances religieuses. Officiellement, il appartenait à l'Église anglicane ; il est probable qu'il adhérait à la vision du monde élisabéthaine, celle de la «grande chaîne de la vie». Ce concept, apparu dans la littérature classique, est devenu essentiel à la pensée du Moyen Âge et de la Renaissance. L'univers est une hiérarchie établie par l'Être suprême, au sommet de laquelle trône Dieu. Sous

Dieu, il y a le sacré, c'est-à-dire les anges, et encore, dessous, l'humanité. L'humanité se situe au-dessus du monde animal, lui-même plus élevé que le monde végétal. Le monde minéral occupe l'échelon inférieur de la hiérarchie (l'or étant au sommet de la hiérarchie minérale). La position d'un être ou d'une chose dans la hiérarchie est déterminée par son rapport esprit/matière. L'homme, considéré comme ayant le plus d'esprit parmi les créatures terrestres, n'en a cependant pas autant que les anges.

Cela dit, il y a aujourd'hui de vives discussions parmi les experts et amateurs de Shakespeare sur la question de savoir s'il était ou non catholique. Ses parents l'étaient tous deux. Si Shakespeare avait des sympathies pour la foi catholique ou s'il la pratiquait, il aurait été très dangereux pour lui de le faire ouvertement, compte tenu de l'époque. Élisabeth 1re régnait sur le pays et sur l'Église anglicane lorsqu'il était adulte. Même si la cour tolérait certaines croyances religieuses privées, on attendait de tous conformité et loyauté publiques envers l'Église d'État. Les réfractaires – ceux qui refusaient de se soumettre à l'autorité établie et les catholiques qui refusaient d'assister aux offices de l'Église anglicane – s'exposaient à des amendes, parfois à des peines d'emprisonnement (voire à pire encore).

D'autres spécialistes estiment que les religions catholique et anglicane rebutaient peut-être toutes deux Shakespeare. Stephen Greenblatt, dans sa biographie de Shakespeare, *Will in the World: How Shakespeare Became Shakespeare* (2004), défend la thèse selon laquelle Shakespeare, adolescent, aurait eu vent d'un acte de fanatisme religieux dans le Lancashire, par l'intermédiaire d'une famille de réfractaires reliée à un jésuite du nom d'Edmond Campion. Ce dernier a été arrêté, emprisonné et exécuté pour ses activités missionnaires.

Greenblatt avance que l'exposition du dramaturge au fanatisme l'a fait douter de la religion et lui a apporté une sensibi-
lité plus raisonnée. Ses pièces se déroulent souvent dans
l'ancienne Angleterre catholique, et s'y entremêlent religion,
politique, occultisme et superstition. Il reste que les pièces de Shakespeare expriment des
points de vue divers, sans mettre de l'avant une quelconque
adhésion à l'Église anglicane ou au catholicisme. Certains
experts ont dit que Shakespeare nourrissait peut-être une foi
«hybride» et des croyances contradictoires. Quoi qu'il en
soit, le meilleur moyen de découvrir ce qu'il a pu penser à
propos de la capacité cosmique de l'homme d'attirer certaines
choses dans sa vie, c'est d'analyser ses pièces. Il semble se
mettre en scène. Il s'intéresse aux valeurs que sont l'instruction, l'honnêteté et le courage intellectuel. Dans *Hamlet*, il
fait dire à Polonius la phrase si souvent citée: «Avant tout,
sois véridique avec toi-même.»

En outre, bon nombre des tragédies de Shakespeare expriment l'idée selon laquelle, quoi que nous fassions, notre sort
dépend dans une certaine mesure de la chance. Beaucoup des
tragédies de l'époque élisabéthaine, dont celles de Shakespeare,
suivent la convention établie par Aristote: les grands hommes
souffrent d'une imperfection tragique qui les condamne.
Cette imperfection, c'est souvent un orgueil démesuré. Dans
certains cas, le dramaturge affirme que la faille est dans
l'homme, et non pas dans les étoiles, mais il a créé des personnages qui se demandent pourquoi souffrent les hommes
bons. La réponse est simple: des malheurs risquent toujours
de se produire, et nous n'y pouvons rien.

Les citations suivantes sont susceptibles de nous éclairer
sur la manière dont Shakespeare voyait le pouvoir et la position de l'homme dans l'univers.

Le couard meurt plusieurs fois, avant que de mourir ;
le vaillant ne goûte qu'une seule mort.
— *Jules César,* Acte II, Scène 2

[...] Le volé qui sourit dérobe quelque chose à son voleur.
— *Othello,* Acte I, Scène 3

Mettez accord entre geste et parole [...]
—*Hamlet,* Acte III, Scène 2

Nos doutes sont des traîtres et nous font souvent
perdre le bien que nous pourrions gagner
parce qu'ils nous font craindre de le tenter.
— *Mesure pour mesure,* Acte I, Scène 4

Le Si est le seul pacificateur ;
il y a beaucoup de vertu dans un Si.
— *Comme il vous plaira,* Acte V, Scène 4

[...] mais, si c'est un péché de convoiter l'honneur,
je suis le plus coupable des vivants.
— *Henry V,* Acte IV, Scène 3

Dieu vous a donné un visage,
et vous vous en fabriquez un autre.
— *Hamlet,* Acte III, Scène 1

Je dis, moi, qu'il n'y a d'autres ténèbres que l'ignorance [...]
—Le soir des rois, Acte IV, Scène 2

Et, enfin, la citation suivante, qui illustre un sentiment que ne partagent évidemment pas les innombrables adeptes du *Secret*, lesquels sont occupés à visualiser des maisons de rêve, des voitures de luxe, des vêtements haute couture et des liasses de billets de banque. Bien entendu, cette citation ne signifie pas que personne ne devrait dresser la liste de ses souhaits, mais simplement que Shakespeare n'aurait peut-être pas été d'accord.

[...] mais je ne voudrais pas que vous pussiez supposer que mon désir de posséder est péché de convoitise [...]
—Le soir des rois, Acte V, Scène 1

Nature de l'homme selon Emerson

Ralph Waldo Emerson est au cœur du courant transcendantal américain. Il a révélé la plupart de ses points de vue et de ses valeurs dans *Nature*, ouvrage qu'il a publié anonymement à compte d'auteur en 1836. L'idée que se fait Emerson du transcendantalisme – idée également épousée par Henry David Thoreau, Margaret Fuller et d'autres – se fonde sur le fait qu'un état spirituel parfait transcende le physique et l'empirique, et que cet état ne peut être apprécié que par l'intuition personnelle, et non par le dogme religieux. Il se pourrait que Byrne ait confondu le transcendantalisme d'Emerson avec la version hippy de ce courant, apparue durant les années 1960 et beaucoup plus mystique et magique (avec trips à l'acide et minijupes de Mary Quant) qu'aurait pu l'imaginer Emerson. Il est pourtant vrai que le mouvement de la pensée nouvelle se sentait une parenté avec Emerson, que celui-ci l'ait ou non acceptée. Le numéro de décembre 1914 du périodique métaphysique *Nautilus* comporte une page complète de publicité sur un calendrier de citations d'Emerson.

«Le secret est la réponse à tout ce qui a été, est et sera.» Cette citation, que Byrne attribue à Emerson, figure à la fin du livre *Le Secret*. Je n'ai pas retrouvé cette citation, que j'ai cherchée dans *Nature, Essays First Series* (qui comprend «Confiance et autonomie»), *Essays Second Series, Poems, May Day, Conduct of Life* et *Representations*, ainsi que dans sa correspondance. Une autre recherche dans ses essais (mais pas dans ses conférences ni dans ses journaux) n'a rien donné. Essayez de faire la même recherche sur www.walden. org/Institute/thoreau/about2/E/Emerson_Ralph_Waldo/ Concordan/. Bien entendu, j'ai cherché dans les œuvres les plus célèbres et accessibles d'Emerson; la citation se trouve peut-être dans un écrit plus obscur.

Pourquoi est-il important de savoir si Emerson a dit cela ou pas ? Simplement parce que cette citation – et son attribution – est aujourd'hui répétée partout dans Internet, et dans d'autres ouvrages, pour donner crédit au Secret (même si le principe n'a reçu ce surnom que très récemment), en raison du «fait» qu'Emerson connaissait la loi d'attraction et y croyait. L'attribution des citations est un problème auquel font face depuis longtemps éditeurs et érudits. Puisque je ne suis pas une experte d'Emerson, j'ai cherché un spécialiste qui pourrait confirmer ou infirmer la paternité de la citation attribuée à Emerson.

Lawrence Buell, professeur de littérature américaine à Harvard, est l'auteur de plusieurs titres, dont *Literary Transcendentalism* (1973), *New England Literary Culture* (1986) et *Emerson* (2003). *Emerson* lui a valu en 2003 le prix de critique littéraire Warren-Brooks. Dans un courriel daté de mai 2007, Buell écrit : « Je crois que c'est vraiment une citation d'Emerson, mais je ne peux sur-le-champ en retrouver la source. »

D'autres spécialistes sont moins certains, dont Joel Myerson. Pour confirmer sa crédibilité, voyons un peu quelles sont ses compétences universitaires et professionnelles. Il est professeur émérite et professeur de recherche au département d'études anglaises de l'Université de Caroline du Sud. Il est titulaire d'un doctorat de l'Université Northwestern. Son champ d'expertise comprend Ralph Waldo Emerson et le transcendantalisme. Myerson a écrit ou coécrit, et dirigé ou codirigé la publication d'une cinquantaine d'ouvrages, dont les bibliographies primaires descriptives d'Emily Dickinson (1984), d'Emerson (1982, 2005), de Fuller (1978), de Theodore Parker (1981) et de Walt Whitman (1993) ; les recueils d'écrits d'Emerson, notamment *Antislavery Writings* (1995), *Selected Letters* (1997), *Later Lectures* (2001) et *Selected Lectures* (2005), ainsi que *Transcendentalism : A Reader* (2000) ; *The Transcendentalists : A Review of Research and Criticism* (1984) ; des recueils d'essais sur Emerson (1982, 1983, 1992, 2000, 2003 et 2006) et sur le transcendantalisme (1982) ; et *The Emerson Brothers : A Fraternal Biography in Letters* (2005). Il a également publié de nombreux articles dans des revues savantes : *American Literature, American Transcendental Quarterly, Emily Dickinson Journal, Harvard Library Bulletin, Thoreau Journal Quarterly, Thoreau Society Bulletin, Walt Whitman Quarterly Review*, entre autres.

Myerson a présenté des mémoires à des réunions de l'American Literature Association, de l'Association for Documentary Editing, de l'Australia and New Zealand American Studies Association, de la Bibliographical Society of America, de la Ralph Waldo Emerson Society, de la Thoreau Society, ou présidé à ces rencontres ou à d'autres dans des universités du monde entier. Il a reçu des subventions de recherche et des bourses universitaires de l'American Philosophical Society, de la National Endowment for the Humanities, de la Guggenheim Foundation et du South Carolina Committee for the Humanities. Quatre de ses ouvrages ont été désignés par *Choice* «ouvrages universitaires de l'année». En 2000, il a reçu le prix de distinction de la Ralph Waldo Emerson Society et, en 2004, la médaille de la Thoreau Society, la plus haute distinction de cette société.

Il reste beaucoup à dire sur la carrière exceptionnelle de ce distingué professeur, mais je crois que ce survol biographique suffit à prouver qu'il est l'un des spécialistes d'Emerson les plus respectés des États-Unis. Quand je lui ai envoyé un courriel à propos de la citation attribuée à Emerson, il m'a répondu en moins d'une heure : «J'ai vérifié dans mes tables de concordance des œuvres, conférences et journaux d'Emerson; je n'ai pas trouvé la citation en question, la plus proche étant : "Nous savons la réponse qui ne laisse rien à demander", laquelle est tirée de son essai "Succès", publié dans l'édition 1903-1904 du centenaire des œuvres d'Emerson par Houghton, Mifflin, volume 7, page 307. Comme vos recherches vous l'ont appris, on trouve sur le Web une pléthore de citations attribuées à Emerson sans mention de source; la plupart ne sont pas de lui.»

D'accord. Qu'a donc dit Emerson que l'on puisse confirmer avec certitude dans des sources? Dans son essai «Succès», tiré de *Société et solitude* (1870), il écrit: «Le premier secret du succès est la confiance en soi, la conviction que, si vous êtes là, c'est que les pouvoirs de l'Univers vous y ont mis avec un motif, une tâche qui vous est strictement assignée de par votre constitution, et qu'aussi longtemps que vous y travaillerez, vous vous trouverez bien et réussirez.»

L'essai d'Emerson intitulé «Confiance et autonomie» peut faire penser à la loi d'attraction, en ce sens qu'il demande que vous fassiez quelque chose pour vous-même en vous en remettant à la voix de votre esprit. Les passages suivants, tirés de cet essai, donnent une bonne idée des principes de philosophie transcendantale d'Emerson.

> Crois en toi-même: cette corde sensible fait vibrer chaque cœur. Accepte la place que la divine Providence t'a réservée, la compagnie de tes contemporains et l'enchaînement des événements. Les grands hommes l'ont toujours fait, ils se sont confiés comme des enfants au génie de leur temps, montrant par là qu'ils comprenaient qu'était nichée dans leur cœur une chose digne d'une confiance absolue, qui travaillait par leurs mains et dominait tout leur être. Nous sommes des hommes, nous devons accepter avec l'esprit le plus noble cette même destinée transcendante ; ne soyons ni des faibles, ni des invalides abrités dans un endroit protégé, ni des lâches fuyant devant une révolution, mais, soyons des guides, des sauveurs, des bienfaiteurs, obéissons à l'effort du Tout-Puissant et gagnons sur le Chaos et les Ténèbres[1].

1. Ralph Waldo Emerson, «Confiance et autonomie» (1941), dans *Essais*, Paris, Michel Houdiard Éditeur, 1997 (traduction française).

> Ne nous soucions que de notre devoir, pas de ce que pensent les autres. Cette règle, aussi difficile à observer dans la vie réelle que dans la vie intellectuelle, pourrait servir à distinguer la grandeur du manque de cœur. Elle est difficile, parce qu'il y aura toujours quelqu'un qui croira savoir mieux que nous quel est notre devoir. Il est facile dans le monde de vivre selon l'opinion de la société ; il est facile dans la solitude de vivre selon notre propre opinion. Mais l'homme qui est grand est celui qui, au milieu du monde, conserve avec parfaite douceur l'indépendance de la solitude.

Howard P. Segal, professeur titulaire de la chaire Bird d'histoire à l'Université du Maine et expert dans le domaine de l'utopisme américain (qui comprend le transcendantalisme), est l'auteur de nombreux ouvrages, dont *Technological Utopianism in American Culture* (1985), *Technology in America : A Brief History* (avec Alan Marcus, 1989, 1999) et *Recasting the Machine Age : Henry Ford's Village Industries* (2001). « Emerson, dit-il, comme vous le savez sûrement, n'était pas un romantique mou, mais un penseur inflexible. Un optimiste, certes, mais sûrement pas un "penseur positif" de troisième ordre. Il n'avait rien d'un Norman Vincent Peale, par exemple. »

Un regard sur la vie d'Emerson, remplie de tragédies personnelles mais aussi de triomphes intellectuels (il était un conférencier et un intellectuel populaire à son époque), révèle à quel point il a dû devenir pragmatique. Il est né en 1803 d'un père pasteur traditionaliste de l'Église unitaire et d'une mère dévote. Il avait quatre frères. Il a perdu son père à l'âge de 8 ans. Tous ses frères sont morts, de même que sa première femme, Ellen Tucker, et leur fils aîné, Waldo, qui n'avait que 5 ans.

Emerson a fréquenté l'Université Harvard, mais il y a éprouvé des difficultés à cause de sa vue. Il a fini par être ordonné ministre du culte de la Second Church de Boston, en 1829, mais il a démissionné à la mort de sa première femme, en 1832. Après avoir voyagé en Europe pendant un certain temps, il est rentré en Nouvelle-Angleterre. Il y a épousé Lydia Jackson en 1835. Ils ont par la suite déménagé à Concord, au Massachusetts, où ils ont fondé une famille. Concord est devenu le centre du mouvement transcendantal. Emerson a pu y vivre confortablement de sa plume et de ses conférences. Entre 1845 et 1850, il a donné sur les habitudes des grands hommes de nombreuses conférences, qu'il a publiées en 1850 sous le titre de *Representative Man*. En 1851, il a élaboré une autre série de conférences, qu'il publierait en 1860 sous le titre de *The Conduct of Life*.

Ralph Waldo Emerson est devenu l'homme de lettres le plus célèbre des États-Unis. C'était un poète prolifique, un essayiste, un conférencier et un champion des réformes sociales, notamment de l'abolition de l'esclavage. Cependant, il se méfiait des bonnes âmes professionnelles. À ses yeux, toute chose existait dans un contexte en permanente mutation, et l'«être» se métamorphosait sans cesse. Mais cela ne veut pas dire qu'il croyait à la loi d'attraction ou à l'attraction des semblables. En fait, les experts estiment que sa pensée a évolué au fil des ans en s'éloignant de l'idée d'unité pour se rapprocher de celle d'*équilibre des contraires*. Pourtant, malgré une certaine évolution de sa philosophie, Emerson a toujours défendu certaines idées : par exemple, celle selon laquelle c'est l'individu qui découvre toute vérité et toute expérience, celle de la non-conformité et celle voulant que l'on puisse atteindre le degré de conscience le plus élevé en suivant notre intuition. Ces idées ont influencé d'autres écrivains, notamment Henry David Thoreau et Walt Whitman. L'hypothèse voulant qu'Emerson ait connu le «Secret» vient peut-être du fait qu'il croyait en l'autodétermination – mais ce concept n'a rien à voir avec la possibilité de maigrir, de s'enrichir ou de connaître la gloire par la seule force de la pensée.

L'extrait suivant de l'essai «Confiance et autonomie» révèle ce qu'Emerson pensait de l'individu et de sa capacité d'action. (Italiques de l'auteur.)

Il arrive toujours un moment, dans l'éducation d'un homme, où il est convaincu que l'envie naît de l'ignorance, que l'imitation est suicidaire, qu'il doit s'accepter, pour le meilleur ou pour le pire, et que, même si le vaste univers est plein de merveilles, *aucun grain de maïs ne lui viendra d'un autre lopin de terre que de celui qu'il lui a été donné de cultiver. La puissance qui réside en lui est d'une nature nouvelle, il est seul à savoir ce qu'il peut faire, et encore ne le sait-il qu'après avoir essayé.* Ce n'est pas sans raison qu'un visage, une personnalité ou un fait le marque si fort, quand d'autres le laisseront indifférent. Cette sculpture gardée en mémoire n'existe pas sans une harmonie préétablie. L'œil s'était trouvé là où devait tomber un rayon, pour pouvoir témoigner de ce rayon particulier. Nous ne nous exprimons qu'à moitié et avons honte de cette idée divine que chacun de nous représente. On peut, sans grand risque, l'estimer harmonieuse et bien disposée, de façon à être fidèlement communiquée, mais Dieu ne manifestera jamais son œuvre chez un couard. *L'homme est léger et gai quand il a travaillé avec cœur et qu'il a fait de son mieux; mais ce qu'il fait ou dit autrement ne lui donnera aucune paix.* Comme une délivrance qui ne délivrerait pas. Car, dans ce cas, son génie le déserte, les muses aussi, l'invention et l'espoir l'abandonnent[2].

En fin de compte, on peut dire sans crainte de se tromper que Beethoven, Shakespeare et Emerson étaient des hommes optimistes, mais aussi des réalistes qui ont consacré beaucoup d'efforts à leur art. Tous trois, à leur façon et dans le contexte de leurs époques respectives, essayaient de donner un sens à la vie et à la condition humaine. Pour être philosophe, toutefois, il ne faut pas nécessairement croire que la pensée crée la réalité. Il est évident, de par l'ampleur même de l'œuvre de chacun de ces génies, qu'ils comprenaient que la pensée, lorsqu'elle s'allie à l'action et au talent, crée art et beauté.

2. Ralph Waldo Emerson, « Confiance et autonomie » (1941), dans *Essais*, Paris, Michel Houdiard Éditeur, 1997 (traduction française).

CHAPITRE 8

Des hommes qui ont transformé leur siècle : Thomas Edison, Winston Churchill et Albert Einstein

P lusieurs des figures les plus importantes du xxᵉ siècle sont mentionnées ou citées dans *Le Secret*, l'intention étant de laisser croire aux lecteurs que ces hommes connaissaient et appliquaient la loi d'attraction. Trois des figures en question ont transformé la société au moyen de l'invention, du service public et de la science : Thomas Alva Edison (1847–1931), inventeur américain, qui a créé le premier laboratoire de recherche industrielle et mis au point le phonographe et l'ampoule électrique, entre autres ; Winston Churchill (1874–1965), homme d'État britannique et premier ministre qui a orienté les forces du Royaume-Uni durant la Seconde Guerre mondiale ; et Albert Einstein (1879–1955), physicien théoricien né en Allemagne, célèbre pour sa théorie de la relativité et pour d'autres découvertes en physique.

Les ouvrages qui ont été consacrés à ces hommes pourraient remplir une bibliothèque entière – des universitaires et des historiens ont fait carrière dans l'étude de leur vie. Au lieu de résumer ces vies, j'ai tenté de me servir de certains éléments biographiques et de leurs propres paroles pour mettre en lumière leurs croyances reliées à la loi d'attraction. Ma conclusion ? Selon mes recherches, il est douteux que l'un ou l'autre de ces trois hommes ait cru que ses pensées pouvaient faire se matérialiser des choses et des événements au sens métaphysique. C'étaient des hommes de leur temps, qui pensaient et travaillaient fort, et qui avaient leurs points faibles comme tout le monde. Il leur arrivait de se tromper. Le lecteur curieux pourra se pencher plus longuement sur leur vie et voir s'il est d'accord ou non avec ma conclusion. La documentation ne manque pas ; je recommande plusieurs biographies dans la liste des lectures complémentaires que je propose à la fin du livre.

Pas de lumière au bout du tunnel :
Thomas Alva Edison

À titre d'inventeur, Thomas Edison a été des plus prolifiques : durant sa vie, il a sollicité et obtenu 1093 brevets – ses biographes ne s'entendent toutefois pas sur le nombre de brevets qui résultent de son génie unique et de ceux qui relèvent du travail des collaborateurs qui l'assistaient dans son laboratoire de recherche (concept qu'il a inventé et qui existe encore aujourd'hui dans les universités et dans l'industrie). Il a inventé l'ampoule électrique et mis au point ce qui allait devenir le système de distribution d'électricité qui permettrait aux villes d'alimenter simultanément de nombreux commerces et maisons.

L'entêtement et la rigidité célèbres d'Edison lui ont fait perdre beaucoup de clients et d'argent. Il avait tendance à s'accrocher à certaines idées, convaincu qu'elles étaient meilleures que les autres. Ainsi, il ratait parfois de belles occasions en rejetant des points de vue plus valables et de nature plus commerciale. Sa pensée négative et sa pensée positive lui ont valu fortune et échec. Par exemple, Edison avait une opinion très négative des innovations techniques, qu'il voyait comme des menaces pour ses inventions et, du coup, pour son entreprise. Et, paradoxalement, l'opinion positive qu'il avait de certaines théories l'a parfois desservi. Voici deux exemples de cela.

Premièrement, Edison était convaincu que le courant continu convenait mieux au transport de l'électricité que le courant alternatif, mis au point par Nikola Tesla et utilisé par le rival d'Edison, George Westinghouse. Edison prouve peut-être que la pensée positive ne fonctionne pas, d'autant plus que c'est précisément ce qu'il reprochait au courant alternatif qui a conduit à la création d'une chaise électrique efficace. En effet, l'inventeur a recommandé l'utilisation du courant alternatif de Westinghouse pour la chaise électrique, étant donné que ce courant était mortel pour l'homme. Vous pouvez lire le récit détaillé de la tentative d'Edison de constituer une compagnie d'électricité et tout ce qui concerne la controverse de la chaise électrique dans la soixantaine d'ouvrages qui ont été consacrés à cet inventeur. Pour faire court, disons que la ville de New York a préféré le courant alternatif au courant continu parce que le premier se transmet plus facilement, sur des fils de plus petit calibre et moins coûteux, et qu'il peut atteindre une tension plus élevée. Le courant alternatif est devenu la norme en Amérique du Nord. Edison a fini par perdre le contrôle de l'entreprise qui porte encore son nom : Consolidated Edison.

Deuxièmement, Edison a mis au point l'enregistrement du son, d'abord sur des rouleaux, puis sur des disques. Il a inventé et fabriqué ses propres phonographes, qui ne pouvaient lire que les disques d'Edison (et les disques d'Edison ne pouvaient tourner que sur des phonographes d'Edison). D'autres entreprises américaines, Victor et Columbia, fabriquaient des disques – appelés des «78 tours», parce qu'ils tournaient 78 fois par minute – qui pouvaient être écoutés sur les machines de l'une ou de l'autre. Les phonographes d'Edison utilisaient une aiguille verticale, tandis que sur ceux de Victor et de Columbia, l'aiguille était latérale. Les disques d'Edison étaient beaucoup plus épais (à plus de 1 cm) que ceux de ses rivaux. Il souhaitait qu'un disque résiste à une chute du premier étage. J'ai personnellement été témoin d'un tel essai de résistance, et c'est vrai : les disques d'Edison sont pratiquement indestructibles.

Cependant, il n'est pas certain que vous auriez eu envie de les écouter. L'autre lacune des disques d'Edison, c'était leur manque de variété. Edison n'enregistrait que la musique de son goût, qui était populaire mais peu variée, ce qui lui a coûté une bonne part de marché. Par exemple, il n'a enregistré que très peu de jazz et qu'un très petit nombre de groupes afro-américains. D'autres entreprises avaient compris qu'il y avait un marché pour la musique afro-américaine, et pas seulement dans la communauté noire. Edison n'a enregistré qu'une poignée d'artistes noirs. Malgré toute la pensée positive qu'aurait pu cultiver Edison, il demeure impossible de forcer le public à acheter de la musique qu'il ne veut pas écouter.

Dernier paradoxe de sa compagnie de disques : Edison refusait l'enregistrement électrique avec microphone – lequel résultait directement d'un principe d'électronique qu'il avait lui-même mis au point! En 1925 et 1926, toutes les autres compagnies de disques recouraient à l'enregistrement électrique. Edison refusait de le faire. Lorsqu'il s'est finalement avoué vaincu, en 1928, et qu'il a opté pour l'enregistrement électrique, il était trop tard, la grande crise était sur le point de frapper. Peu de temps après, Edison a totalement abandonné le secteur de l'enregistrement et de la fabrication. De toute évidence, le fait qu'Edison considère une chose comme vraie ne la rendait pas réelle pour autant.

Edison avait des convictions religieuses et spirituelles proches de la métaphysique, mais je ne suis pas convaincue que cela prouve qu'il prêtait foi à la loi d'attraction. Il s'est également intéressé à l'occultisme; en 1920, il a essayé d'inventer un bidule qui puisse communiquer avec les morts – mais ça n'a pas fonctionné. On croit qu'il s'agissait d'un téléphone muni d'un puissant récepteur. Edison a été dupé par un magicien, Berthold «Bert» Reese, qu'il avait rencontré par l'entremise de son ami Henry Ford (que nous reverrons au chapitre 9). Parmi ses tours, Reese comptait de fausses démonstrations de perception extrasensorielle. Du fait qu'Edison s'entêtait à dire que Reese pratiquait vraiment la télépathie, Edward Marshall, journaliste du *New York Times*, a publié un long article à ce sujet le dimanche 13 novembre 1910, puis un second article avec illustrations une semaine plus tard, dans lesquels il expliquait comment Reese aurait pu exécuter ses tours. Il a été finalement démontré que Reese était un illusionniste et un artiste du spectacle, malgré les dénégations d'Edison.

En ce qui a trait à d'autres croyances religieuses, Edison balançait entre athéisme et croyance en Dieu. En 1911, voici ce qu'il a déclaré à Edward Marshall, alors journaliste du magazine *The Columbian*.

> Je n'ai jamais nié l'existence d'une Intelligence suprême. Ce que je conteste et que la raison me pousse à nier, c'est l'existence d'un Être qui trônerait en Dieu au-dessus de l'humanité, dirigeant nos affaires terrestres dans le menu détail, considérant chacun de nous comme un individu, nous punissant et nous récompensant comme le ferait un juge humain. Je ne veux pas que l'on pense que je nie le mérite des grands maîtres moralistes du monde – Confucius, Bouddha, Christ. Ils ont été de grands hommes, vraiment. Leurs enseignements ont été résumés dans la Règle d'or. Quiconque l'observe aura l'esprit beaucoup plus élevé que les autres et sera beaucoup plus heureux. Mais l'adoration d'un Dieu n'est pas obligatoire dans l'observation de la Règle d'or.

> Un homme n'est pas une unité individuelle ; c'est un vaste ensemble d'unités, comme l'est une ville. La cellule, infinitésimale et si peu connue, constitue la seule unité réelle. L'homme se compose de millions de cellules. Son intelligence, c'est l'intelligence combinée de toutes ces cellules, comme l'intelligence d'une ville est faite de l'intelligence combinée de ses habitants. N'étant pas une unité, comment l'homme pourrait-il aller individuellement au ciel ou en enfer, recevoir récompense ou punition, après que la mort a causé la séparation de ses cellules et la diffusion de leur intelligence collective ?

Edison a peut-être tenté d'assouvir sa curiosité pour le paranormal, mais il a passé plus de temps à diriger ses assistants de recherche au laboratoire de Menlo Park, au New Jersey, et à chercher des moyens de tirer profit de ses brevets qu'à nourrir des pensées positives à leur sujet. Il croyait qu'il faut travailler dur pour réussir. Selon le biographe Neil Baldwin *(Edison: Inventing the Century*, 1995), Edison attribuait toutes ses réussites à ses durs efforts. Baldwin raconte qu'Edison a reçu un grand nombre de lettres lui demandant le secret de sa réussite. À l'une d'elles, il a répondu : « Je travaille 18 heures par jour, depuis 45 ans. C'est deux fois plus que ne le font normalement les hommes [...] Si je peux travailler 18 heures par jour, c'est parce que je mange très peu, je dors très peu et je porte des vêtements qui ne me serrent pas du tout les veines. »

Edison est également célèbre pour son mot : « Le génie est fait de un pour cent d'inspiration et de quatre-vingt-dix-neuf pour cent de transpiration », prononcé durant une entrevue publiée dans un numéro de 1932 de *Harper's Monthly*. Plusieurs autres citations vérifiables, recherchées avec soin par George S. Bryan dans *Edison : The Man and His Work* (1926), reflètent la pensée d'Edison à propos de sa réussite et de la créativité. Certaines sont quasiment d'ordre métaphysique, dont celles-ci, tirées d'une entrevue réalisée par W. P. Warren, « Edison on Inventors and Inventions », publiée dans *Century Magazine* en juillet 1911 : « L'imagination fournit les idées, et les connaissances techniques permettent de les réaliser. » « Je reste toujours près du sol. Au moins, je ne laisse jamais mes pensées s'élever plus haut que l'Himalaya. » « La science ne peut que conclure qu'il existe une grande intelligence qui se manifeste partout. »

Malgré le penchant occasionnel d'Edison pour le magique et le mystérieux, et sa versatilité à propos de Dieu et de l'au-delà, c'est l'œuvre de sa vie – qui était d'inventer des choses

qui lui rapporteraient de l'argent en raison de leur grande utilité – qui nous renseigne le plus sur l'homme. Sa capacité de
travailler plus fort et plus longtemps que la plupart de ses semblables lui conférait un avantage de taille sur ses concurrents.

Homme d'État et sceptique : Winston Churchill

Winston Churchill était un homme complexe dont la vie a été
racontée en détail par lui-même et par ses nombreux biographes. Il était le fils de Randolph Churchill, homme politique
conservateur, et de Jennie Jerome, fille de l'homme d'affaires
new-yorkais Leonard Jerome. Churchill fréquente le Collège
militaire royal. Enrôlé dans l'armée britannique, il se bat en
Inde et au Soudan. Dans l'armée, il est également correspondant de guerre pour le journal *The Daily Telegraph*. Il quitte
l'armée en 1899, puis devient correspondant du quotidien *The
Morning Post*. Pendant qu'il prépare un reportage sur la guerre
des Boers, il est kidnappé. Parvenant à échapper à ses ravis-
seurs, il fait la manchette en Angleterre. En 1900, il raconte
son expérience dans un livre intitulé *London to Ladysmith via
Pretoria*. En réalité, Churchill est un auteur prolifique qui
publie de nombreux ouvrages sur l'histoire de son pays et du
monde, ce qui lui vaudra le prix Nobel de littérature en 1953.

Churchill se lance en politique en 1900. Il occupera
diverses fonctions, dans divers partis, passant au fil des ans
de la droite à la gauche, puis de nouveau à la droite, comme
on peut le lire dans nombre de ses biographies. Il continue
d'écrire. Quand Adolf Hitler prend le pouvoir en Allemagne
en 1933, Churchill préconise le réarmement et s'oppose à la
politique d'apaisement du gouvernement conservateur.
En 1939, la position que défend Churchill – selon laquelle la

Grande-Bretagne et la France devraient former une alliance militaire avec l'Union soviétique – suscite beaucoup de débats dans son pays.

Pour faire court, disons que Neville Chamberlain, dont les politiques sont critiquées, démissionne de son poste de premier ministre; le 10 mai 1940, le roi George VI le remplace par Churchill. Le même jour, l'armée allemande lance son offensive sur le front de l'Ouest et, deux jours plus tard, occupe la France. Les historiens estiment que la capacité de Churchill à rallier le peuple britannique dans ses discours habilement construits a contribué à la victoire de son pays sur l'ennemi. Il aime boire, surtout du whiskey, et connaît des périodes de dépression – traits qui ne sont pas typiques d'un homme à la pensée positive.

Sur le site Web du *Secret,* on peut lire que Churchill est un «professeur» de la loi d'attraction parce qu'il croyait qu'il ne fallait jamais baisser les bras, et qu'il a dit que «les empires de l'avenir sont les empires de l'esprit». Mais il ne faudrait pas prendre pour de la pensée positive la foi que professait Churchill dans le pouvoir de l'intelligence et de la raison. Vu la disposition intellectuelle plutôt pragmatique de Churchill, il semble vraiment bizarre qu'il ait pu dire: «Comme nous avançons dans la vie, ainsi créons-nous notre propre univers», citation qui figure dans le livre et sur le DVD. Churchill croyait-il vraiment cela? Il se fait qu'il a bel et bien écrit cela dans l'un de ses ouvrages autobiographiques, *My Early Life: 1874–1904,* initialement publié en 1930, republié en 1958 par Charles Scribner's Sons, et encore une fois en 1996 par Touchstone, marque de Simon & Schuster, également éditeur du *Secret.* Le contexte de la citation (page 117 de l'édition de Touchstone) est éloquent. Il est évident que la citation est mal utilisée dans le livre de Byrne.

> L'idée selon laquelle il n'y aurait de vrai que ce que l'on comprend est sotte, et celle voulant que les principes inconciliables pour notre esprit s'annulent mutuellement l'est encore plus. Rien ne pourrait être plus rebutant pour notre esprit et notre cœur que le spectacle de milliers de millions d'univers – puisqu'on dit aujourd'hui que c'est l'ordre de grandeur atteint – qui dériveraient dans l'éternité sans but ni raison. C'est pourquoi j'ai choisi très tôt dans la vie de croire tout ce que je voulais bien croire, tout en laissant ma raison emprunter librement tous les chemins qu'elle pouvait.

> Certains de mes cousins grandement avantagés par une éducation universitaire avaient l'habitude de me taquiner avec des arguments censés prouver que rien n'a d'existence sauf ce que l'on pense. La création entière n'est qu'un rêve, et tous les phénomènes sont imaginaires. Comme nous avançons dans la vie, ainsi créons-nous notre propre univers. Plus notre imagination est vive, plus notre univers est bigarré. Dès que nous cessons de rêver, l'univers cesse d'exister. Ces amusantes acrobaties intellectuelles conviennent au jeu. Elles ne présentent aucun danger et ne servent strictement à rien. Je mets en garde mes jeunes lecteurs : traitez-les comme un jeu seulement. Les métaphysiciens auront le dernier mot et vous mettront au défi de réfuter leurs absurdes propositions.

Dans *Winston Churchill* (2002), John Keegan contribue à rétablir la vérité à propos des croyances spirituelles de

Churchill. Il dit que celui-ci était doué d'un sens moral profond et d'une vraie spiritualité, mais que ni l'un ni l'autre n'avaient de fondement métaphysique. Keegan estime que si on avait demandé à Churchill de déterminer la source de sa spiritualité, il aurait peut-être répondu que celle-ci était issue d'« universaux historiques » de la tradition humaniste ; d'un fond religieux conventionnel hérité de sa famille ; de la pieuse et bonne influence de sa « bien-aimée nounou, Mrs. Everest ; du code de fair-play des écoliers ; et de l'éthique de la virilité apprise au Collège militaire royal ».

Albert Einstein : peu d'attraction

Dans son livre, Rhonda Byrne écrit qu'Einstein « en connaissait long sur le Secret » (est-ce à dire qu'il n'était pas assez intelligent pour tout en savoir?). Einstein est devenu une véritable idole dans le monde scientifique comme dans la culture populaire. Une nouvelle brique biographique vient d'apparaître chez les libraires – celle de Walter Isaacson, *Einstein : His Life and Universe* – et la réédition de la biographie classique écrite en 1971 par Ronald Clark, *Einstein : The Life and Times,* vient s'ajouter à la liste déjà impressionnante des ouvrages et articles écrits sur le mathématicien et physicien théoricien. Tout un chacun – des vedettes du rock aux mécaniciens automobiles, en passant par les producteurs de télévision – s'est intéressé aux théories d'Einstein, ce qui présente des risques de mauvaise interprétation. Je ferai donc preuve de prudence ici et tenterai de répondre à une seule question : Einstein croyait-il que nos pensées sont émises dans l'univers et qu'elles entraînent la matérialisation d'événements ou de choses? Je tirerai ma conclusion à partir des propos d'Einstein, qu'il a lui-même consignés ou qui ont été rapportés par des autorités crédibles. Il semble à peu près certain qu'Einstein ne croyait pas à la loi d'attraction. Certains experts sont d'avis qu'Einstein croyait que le libre arbitre n'était qu'une illusion, et que *nous sommes à la merci de lois universelles*. Si nous acceptons cela comme vérité, il nous faut alors accepter aussi qu'Einstein croyait probablement qu'essayer de commander la réalité par *la volonté de nos pensées ordonnées* est un exercice futile ; autrement dit, l'univers obéit à un plan dans lequel nos pensées n'ont aucune importance. Un extrait de la récente biographie d'Einstein écrite par Walter Isaacson a été publié dans le numéro du 5 avril 2007 du magazine *Time*. Isaacson y dit qu'Einstein a écrit ceci : « La maxime de Schopenhauer, "L'homme peut certes faire ce qu'il veut, *mais il ne peut pas vouloir ce qu'il veut*", a été pour moi une véritable inspiration depuis ma jeunesse, un réconfort continu face aux épreuves de la vie, les miennes comme celles des autres, et une source inépuisable de tolérance. »

Albert Einstein : The Human Side (1979), dont la publication a été dirigée par Banesh Hoffman et par Helen Dukas, indique que le savant n'était probablement pas un tenant de la loi d'attraction.

> Je ne peux imaginer un Dieu personnel qui influerait directement sur les actions des individus, ou qui jugerait ses propres créatures. Je ne peux le faire malgré le fait que la causalité mécanique a été, dans une certaine mesure, remise en doute par la science moderne. Ma religiosité se limite à une humble admiration de l'esprit infiniment supérieur qui se

révèle dans le peu de choses que nous pouvons appréhender de la réalité, avec la faible et éphémère compréhension qui est la nôtre. La moralité est de la plus haute importance – pour nous, pas pour Dieu.

> La tendance au mysticisme de notre époque, qui se manifeste particulièrement dans la croissance exubérante de la prétendue théosophie et du spiritualisme, n'est pour moi rien d'autre qu'un symptôme de faiblesse et de confusion. Puisque nos expériences intérieures sont des reproductions et des combinaisons d'impressions sensorielles, le concept d'une âme sans corps me semble tout à fait vide de sens.

Dans son essai «Science, Philosophy, and Religion, A Symposium», publié par la Conference on Science, Philosophy and Religion in Their Relation to the Democratic Way of Life, New York, 1941, voici ce qu'écrit Einstein à propos de la religion.

> Évidemment, la doctrine d'un Dieu personnel qui intervient dans les événements naturels ne pourrait jamais être réfutée, au sens propre, par la science, car cette doctrine peut toujours se réfugier dans les domaines où la connaissance scientifique n'a pu encore mettre le pied. Je suis toutefois convaincu qu'un tel comportement de la part des représentants de la religion serait non seulement indigne, mais aussi fatal. Car une doctrine qui est incapable de se perpétuer dans la lumière, mais le peut seulement

dans l'obscurité, perdra inévitablement son effet sur l'humanité, en causant un tort incalculable aux progrès de l'homme [...] Si l'un des objectifs des religions est d'affranchir le plus possible l'humanité du joug des envies, désirs et appréhensions égocentriques, le raisonnement scientifique peut aider la religion dans un autre sens.

Le point de vue d'Einstein sur la métaphysique n'était pas particulièrement indulgent, selon le biographe Ronald W. Clark. Dans *Einstein: The Life and Times*, il écrit : «Einstein comptait alors parmi les "distingués professeurs européens en philosophie et en science" et, à ce titre, il a appuyé en été 1912 la fondation d'une association scientifique "plutôt indifférente à la spéculation métaphysique et aux doctrines prétendument métaphysiques et transcendantales" et "opposée à toutes les entreprises métaphysiques".» Clark précise que cela met en relief la conviction qu'avait Einstein de ce que la relativité spéciale ne résultait pas de la spéculation métaphysique, mais de preuves empiriques de nature scientifique.

Le Secret affirme qu'Einstein disait merci «des centaines de fois par jour» à «tous les grands scientifiques qui l'avaient précédé». Selon Clifford M. Will, professeur titulaire de la chaire James S. McDonnell de physique à l'Université Washington de St. Louis, au Missouri, Einstein a pu dire cela afin de reconnaître l'importante contribution de ses prédécesseurs. «Mais nous ne disons pas merci 100 fois par jour, pas même 1 fois par jour, et je ne peux imaginer qu'Einstein l'ait fait littéralement, écrit Will dans un courriel d'avril 2007.

On cite souvent [Isaac] Newton (qui a fait l'objet de théories farfelues à la *Da Vinci Code*), qui aurait dit que, s'il avait vu plus loin que les autres, c'est qu'il avait pu se jucher sur les épaules de géants. Vous seriez porté à croire qu'il remerciait ses prédécesseurs dans le même esprit qu'on attribue à Einstein dans *Le Secret*, explique Will, mais en réalité, il insultait aussi son rival, Robert Hooke, qui était bossu. Alors, il faut être prudent lorsqu'on prétend interpréter les paroles des autres. »

Dennis Overbye, journaliste spécialisé en sciences au *New York Times* et auteur de *Einstein in Love* (2001), affirme douter qu'Einstein ait pu croire à la loi d'attraction. « Il estimait puérile, dit-il, la notion voulant qu'un dieu personnel s'intéresse à nos activités. Einstein employait le mot "dieu" de bien des façons. Certains pensent à tort qu'il l'utilisait dans son sens spirituel ou conventionnel, alors que c'était souvent pour lui un raccourci sténographique pour parler de la rationalité et du mystère de la nature, des raisons qui font qu'elle existe et qu'on peut la comprendre. » Selon Overbye, Einstein voyait l'univers comme magique, et il est légitime de voir cet univers comme une énigme. « La compréhension de ce mystère, dit Overbye, était aux yeux d'Einstein l'une des expériences les plus profondes, mais pas de nature à vous aider à réussir votre examen de la semaine prochaine. »

Enfin, la lecture du passage suivant, éloquent et d'authenticité vérifiable, devrait répondre une fois pour toutes à la question de savoir si Einstein croyait ou non au principe « demandez, croyez et recevez ». Il est tiré de la réponse qu'Einstein a donnée à un enfant qui lui avait écrit en 1936 pour lui demander si les savants prient, réponse reproduite dans *Albert Einstein : The Human Side* : « La recherche scientifique se fonde sur le principe selon lequel tout ce qui se passe dans l'univers est déterminé par les lois de la nature, et par conséquents, c'est vrai aussi pour le comportement des êtres humains. C'est pourquoi un chercheur scientifique sera peu porté à croire qu'on peut influer sur les événements en disant une prière, c'est-à-dire en adressant un souhait à un Être surnaturel.»

Point final.

Le défi de l'exactitude

Dans le présent chapitre et dans d'autres, la recherche menée sur la présentation que fait *Le Secret* de certains hommes célèbres soulève de troublantes inquiétudes sur l'authenticité et le contexte des citations qui leur sont attribuées, non seulement dans *Le Secret*, mais aussi dans d'autres ouvrages sur la métaphysique et dans Internet.

Bien avant l'avènement du Web, qui permet désormais de disséminer l'information, vraie ou fausse, à la vitesse de l'éclair, Thomas Edison a manifesté son irritation de se voir attribuer des propos qu'il n'a jamais tenus. Dans le numéro du 12 janvier 1901 de *Electrical Review*, l'inventeur et homme d'affaires se plaint : «Le pire, c'est que ces gens qui viennent ici [à West Orange, dans le New Jersey] retournent chez eux sans m'avoir vu ni entendu, et rédigent de prétendues entrevues qui me font paraître idiot même aux yeux de ceux qui me connaissent.»

Einstein aussi s'irritait d'être mal cité. Dans une lettre du 22 février 1949 adressée au journaliste Max Brod, lettre citée dans *The Human Side*, le savant se désole : «Ils ont déjà publié sur moi tant de mensonges effrontés et d'histoires fictives que j'en serais mort si j'y avais prêté attention.» Il se serait sans doute amusé de voir cette citation lui être attribuée dans *Le Secret*: «L'imagination est tout. C'est un avant-goût de ce que la vie nous réserve.» Alice Calaprice, ancienne rédactrice interne chez Princeton University Press et auteur de *The New Quotable Einstein*, réfute tout de go cette attribution. Elle est bien placée pour le faire. Les écrits et commentaires d'Einstein sont abondants – plus de 45 000 documents sont conservés dans ses archives de Jérusalem –, et Calaprice est la seule personne à s'être donné la peine de chercher la provenance, avec ténacité et rigueur, de beaucoup des commentaires attribués à Einstein.

«Ce sont des inventions, lance-t-elle en riant quand on lui fait lire les prétendues citations. Il est facile d'écrire n'importe quoi et de mettre le nom d'Einstein sous la phrase.» Calaprice cite un einsteinisme authentique et vérifiable sur l'imagination, tiré d'une entrevue menée par George Sylvester Viereck et intitulée «What Life Means to Einstein», publiée dans le numéro du 26 octobre 1929 du *The Saturday Evening Post*: «L'imagination est plus importante que le savoir, car le savoir est limité, tandis que l'imagination englobe le monde.»

Voilà qui soulève une question: qu'auraient pensé Einstein et Churchill, et même Emerson, de se voir mis dans le même sac que les métaphysiciens d'aujourd'hui par l'intermédiaire de citations, vraies ou fausses, ou parfois sorties de leur contexte? Les deux citations attribuées à Churchill et à Emerson dont nous avons parlé ici sont désormais répétées à gauche et à droite sur Internet, relativement à la prétendue foi de ces hommes en la loi d'attraction. Il serait triste que le public tienne pour vraie cette désinformation sans se poser de questions. Si le Secret est vrai, pourquoi l'étayer avec de l'information bidon?

CHAPITRE 9

Le Secret et l'argent : Andrew Carnegie, William Clement Stone et Henry Ford

L e *Secret* portant en grande partie sur l'acquisition de la richesse, il va de soi qu'on y mentionne ou cite quelques industriels de premier plan. Dans les bandes-annonces du DVD, on peut voir d'anciens magnats qui cachent le Secret à leurs employés et à la population, se réservant égoïstement l'information pour mieux en tirer parti. Pourtant, les trois principaux titans de l'industrie dont Byrne fait mention – Andrew Carnegie, William Clement Stone et Henry Ford – n'ont jamais caché leurs stratégies de réussite. Au contraire.

En fait, Stone a rédigé des livres sur ce qu'il appelait l'«attitude mentale constructive». Carnegie aurait incarné le modèle ayant inspiré l'un des best-sellers de tous les temps sur l'enrichissement, *Réfléchissez et devenez riche,* de Napoleon Hill. Selon le site Web du *Secret,* Carnegie aurait enseigné le Secret à beaucoup de grands personnages de l'histoire. Si c'est le cas, il ne cachait donc rien. Ford n'était pas un homme secret, et rien ne laisse croire qu'il ait attribué sa réussite à la science mentale.

Comme bien d'autres noms imprimés en caractère gras dans *Le Secret*, Carnegie et Stone ne sont mentionnés qu'au passage. Cependant, tous deux entrent en ligne de compte dans le développement des thèmes du livre. Byrne consacre un peu plus d'encre à Ford. Puisque tous trois ont gagné beaucoup d'argent et puisque, selon Byrne, si vous en gagnez vous mettez en pratique les théories du *Secret* (que vous en ayez entendu parler ou non, et que vous y croyiez ou non), il est intéressant de nous demander quelles étaient leurs croyances et comment exactement ils ont fait fortune : par la pensée positive, par l'action positive ou par les deux.

Andrew Carnegie : de la misère à la richesse

En 1902, Andrew Carnegie, qui s'est intéressé toute sa vie à la recherche scientifique, fonde la Carnegie Institution à Washington. Il lui donne pour mission d'accueillir les hommes de science de calibre exceptionnel. Toutefois, contrairement à ce qu'affirme Byrne dans *Le Secret*, il est douteux que Carnegie voie un lien entre ses propres activités commerciales et la mécanique quantique.

Carnegie naît en 1835 à Dunfermline, en Écosse, dans une famille ouvrière. Son père, Will, tisserand qualifié, perd son emploi lorsque le travail manuel est automatisé par des métiers à tisser à vapeur en 1847. Comme beaucoup de familles ouvrières d'Écosse, d'Irlande et d'Angleterre de l'époque, les Carnegie émigrent aux États-Unis, où ils s'installent à Pittsburgh. Selon un long article publié le 12 août 1919 dans le *New York Times*, le lendemain de la mort de Will Carnegie, le jeune Andrew commence à travailler dans une filature, comme ramasseur de bobinots. Il a alors 13 ans. Plus tard, il surveillera une machine à vapeur dans une autre filature; il travaillera aussi comme messager et comme télégraphiste. C'est le poste de télégraphiste personnel et adjoint de Thomas Scott, chef de la division ouest des chemins de fer de Pennsylvanie, qui changera la vie de Carnegie. C'est là qu'il apprendra tous les secrets de l'exploitation ferroviaire et qu'il tissera des liens d'affaires qui lui seront plus tard très utiles.

Une éthique de travail incroyable n'explique qu'en partie la réussite de Carnegie; grâce à des placements judicieux et à une gestion financière avisée, il amasse une fortune et procède à de lucratives acquisitions. Par exemple, en 1856, il emprunte à la banque un peu plus de 200 $ pour acheter une part dans la Woodruff Sleeping Car Company. Tout juste 2 ans plus tard, cette entreprise lui rapportera annuellement environ 5000 $. Pendant ce temps, il continue de travailler pour les chemins de fer de Pennsylvanie, où il finit par être nommé chef de la division ouest. L'argent que Carnegie tire de la Woodruff Sleeping Car Company, il l'investit dans une pétrolière de Titusville, en Pennsylvanie. Il achète aussi des titres d'autres entreprises : Piper and Schiffler Company, Adams Express Company et Central Transportation Company.

En 1865, Carnegie quitte les chemins de fer pour se consacrer entièrement à ses activités d'entrepreneur. Il fonde la Keystone Bridge Company et, deux ans plus tard, la Keystone Telegraph Company. En 1868 – dans ce que l'on pourrait considérer comme un épisode de visualisation à la manière du Secret –, Carnegie s'écrit à lui-même une lettre (ou une affirmation, si vous préférez) dans laquelle il définit ses projets

Le Secret du Secret

d'avenir. Il y annonce qu'il quittera le monde des affaires à l'âge de 35 ans, qu'il se contentera d'un revenu annuel de 50 000 $, et qu'il donnera le reste de son argent à des œuvres philanthropiques. Mais, en 1872, à la suite d'une visite dans une aciérie d'Angleterre, il remet à plus tard ses projets. Il comprend tout le potentiel que représente l'acier aux États-Unis. Carnegie décide d'investir dans cette industrie. En 1875, il fait construire l'aciérie Edgar Thomson Works, à Braddock, en Pennsylvanie. Devrait-on s'étonner que la première commande de sa nouvelle entreprise ait été de 2000 rails d'acier destinés aux chemins de fer de Pennsylvanie ?

Carnegie continue de construire et d'acheter des usines. Il commence également à écrire. En 1886, il publie dans *Forum Magazine* un essai dans lequel il défend le droit des ouvriers à se syndiquer, ainsi qu'un livre, *Triumphant Democracy*, célébration du capitalisme, qui devient un best-seller. En 1887, Carnegie manifeste son désaccord avec l'un de ses partenaires d'affaires, Henry Clay Frick, au sujet d'une grève d'employés syndiqués dans l'une de leurs entreprises. Contraignant Frick à régler le conflit avec le syndicat, Carnegie se taille une réputation d'ami du petit ouvrier. Cette réputation va changer en 1892, quand il ordonne à Frick de régler une autre grève en recrutant des agents de Pinkerton (agence de détectives privés, servant entre autres à réprimer les grèves) ; l'échange de coups de feu avec les grévistes dure près de 12 heures. Pinkerton bat en retraite ; la milice d'État est dépêchée pour reconquérir l'aciérie et, lors de sa réouverture, les briseurs de grève sont embauchés. Cet événement ruine définitivement la réputation de défenseur des faibles qu'avait méritée Carnegie.

Entre les grèves et les activités commerciales normales, Carnegie publie son évangile de la richesse, *Gospel of*

Wealth (1889), dans lequel il déclare que l'homme riche a l'obligation morale de consacrer à des fins sociales et éducatives l'argent qu'il a accumulé. Quelques années plus tard, en 1901, Carnegie vend ses entreprises sidérurgiques à J. P. Morgan pour 480 millions de dollars; cette transaction fait de lui l'homme le plus riche du monde. Carnegie consacre le reste de sa vie à la philanthropie, comme il l'avait prédit de nombreuses années auparavant. En 1902, il met sur pied la Carnegie Institution, qui fournit des recherches scientifiques aux universités américaines. Il instituera ensuite une dotation pour la paix internationale, le Carnegie Endowment for International Peace (1910), puis la fondation Carnegie Corporation (1911), qui offre des subventions aux collèges, universités, écoles techniques et instituts de recherche scientifique. Carnegie a alloué la majeure partie de sa fortune à la fondation ou au financement d'institutions philanthropiques ou éducatives.

Oui, Carnegie s'est demandé pourquoi il a pu passer du statut d'ouvrier sans instruction à celui de multimillionnaire, tandis que la plupart de ses contemporains ont continué de s'échiner dans les usines ou connu un sort pire encore. Selon David Nasaw, professeur titulaire de la chaire Arthur M. Schlesinger Jr. d'histoire américaine à la City University de New York et auteur de *Andrew Carnegie* (2006), l'industriel n'était pas un homme de foi; il ne croyait pas devoir son immense fortune à un être suprême. Carnegie ne croyait pas non plus devoir attribuer sa réussite à un dur labeur, d'autant moins qu'il avait atteint le stade où quelques heures par jour lui suffisaient pour l'administration de ses affaires. Carnegie expose sa conclusion dans un essai de 1906, « Gospel of Wealth II », publié dans *North American Review* : la richesse d'un individu est le produit de sa collectivité. « Les titres des entreprises ferroviaires du premier millionnaire seraient restés sans valeur si la population des collectivités desservies par les chemins de fer n'avait pas explosé», écrit Nasaw.

En 1908, Napoleon Hill, jeune journaliste pigiste qui travaillait pour payer ses études, a affirmé avoir interviewé Carnegie. Selon Hill, le magnat lui aurait confié le «secret» de sa réussite. Ni cette rencontre ni le nom de Hill ne sont mentionnés dans les biographies de Carnegie que j'ai examinées. Nasaw dit ne pas être certain que cette interview ait eu lieu. «Je l'ignore. Le nom [Napoleon Hill] n'apparaît pas dans les milliers de pages que j'ai lues de la correspondance de Carnegie, ni dans les milliers d'autres documents que j'ai examinés.» Nasaw ajoute cependant que Carnegie accueillait des visiteurs durant les dernières années de sa vie et qu'il est possible que les deux hommes se soient rencontrés sans que Carnegie documente la rencontre. «Ils étaient nombreux à lui rendre visite, dit-il. Carnegie était un homme agréable et amical.» Il est encore moins sûr que Carnegie ait fait part à Hill du «secret» de la loi d'attraction, car, selon Nasaw, celle-ci n'est pas compatible avec les principes d'affaires du magnat: «Ce à quoi il croyait, sa devise, c'est que "tout est bien puisque tout progresse pour le mieux". Cette phrase vient du philosophe britannique Herbert Spencer [qui a appliqué à la philosophie la théorie de l'évolution].» Cela n'a pas grand-chose à voir avec la loi d'attraction, des semblables qui s'attirent ou des pensées qui créent des choses.

Carnegie voyait le monde dans une perspective évolutionniste, idée elle aussi empruntée à Spencer, c'est-à-dire que chaque génération sera plus prospère que la génération qui la précède: elle connaîtra davantage la paix et moins la pauvreté. «Certains assimileront ce point de vue à la pensée positive, mais Carnegie n'aurait pas utilisé ce terme, dit Nasaw. Il n'avait pas de véritable "philosophie" des affaires autre que celle dont a parlé Charles Schwab, selon laquelle si on contrôle les coûts, les profits apparaîtront d'eux-mêmes. Si vous réduisez vos coûts, vous réaliserez des bénéfices, que l'économie soit ou non vigoureuse. Carnegie comprenait que tout était en constante évolution, et qu'un bon homme d'affaires doit toujours scruter l'avenir, puisque ce qui est important aujourd'hui pourrait ne pas l'être demain.» Pour le reste, Nasaw affirme que Carnegie estimait avoir beaucoup de chance d'être arrivé à Pittsburgh au moment où la ville était destinée à devenir le cœur de l'industrie sidérurgique, notamment grâce à sa situation avantageuse de terminus pour les trains circulant dans l'axe est-ouest.

Il est indéniable que Hill a subi l'influence d'Andrew Carnegie. Si l'interview a réellement eu lieu, Hill a peut-être attribué à la conversation un sens que Carnegie n'y avait pas donné, un peu comme l'enfant qui rencontre enfin la vedette qu'il idolâtre et croit qu'il a établi avec elle un lien personnel sérieux. Hill a soutenu que Carnegie l'avait mis au défi de trouver 500 hommes riches et de déterminer s'il y avait des points communs dans la manière dont ils avaient fait fortune. Ainsi, tout comme Byrne, Carnegie a recherché les experts en la matière de son temps, afin d'en savoir plus long sur la manière dont ils avaient gagné leurs millions. Cette démarche a abouti à la rédaction de deux ouvrages, publiés par Hill longtemps après la mort de Carnegie en 1919 : *The Law of Success*, publié en 1928, et *Réfléchissez et devenez riche*, publié en 1937 et immense succès de librairie.

Ce qui est intéressant dans *Réfléchissez et devenez riche*, c'est le langage utilisé pour expliquer en 13 parties la formule de la réussite ; on y parle du « secret » et du « secret de Carnegie ». Quel est ce secret, selon Hill ? Une attitude positive et la loi d'attraction ! Bizarrement, *Réfléchissez et devenez riche* ne figure nulle part dans le livre et dans le DVD du *Secret*, même s'il est mentionné sur la page que le site Web du *Secret* consacre à Andrew Carnegie. L'ouvrage *Réfléchissez et devenez riche* n'a jamais été épuisé depuis sa première publication. Au fil des ans, il a figuré sur diverses listes de best-sellers grand public ou du monde des affaires ; jamais il n'a été interdit ni caché.

À en croire les bandes-annonces du DVD *Le Secret*, des hommes d'affaires, qu'elles ne nomment pas, auraient payé de fortes sommes pour connaître le Secret tout en promettant qu'il ne serait jamais révélé au grand public. Ces bandes-annonces affirment également que le Secret a été interdit en 1933, sans expliquer par qui et pourquoi. Je n'ai trouvé aucune preuve de ce qu'un livre issu de la pensée nouvelle ou que celui de Hill ait jamais été interdit, bien qu'on raconte, sans que nul puisse le vérifier, que l'Église catholique a interdit en 1933 le livre de Charles Haanel, *The Master Key System*. En diffusant en tranches hebdomadaires l'information qu'il colorait de mystère, Haanel donnait l'impression qu'elle était la propriété de quelques-uns, astuce de marketing assez efficace. Haanel vendait très cher son information, mais il n'était pas la seule source de documentation sur la loi d'attraction. N'importe lequel des hommes d'affaires qui lui ont acheté la série en question aurait pu tout simplement se procurer à peu de frais un exemplaire du livre de Wallace Wattles, *La Science de l'enrichissement*, ou de la revue *Nautilus*.

Quoi qu'il en soit, voici ce qu'écrit Hill dans *Réfléchissez et devenez riche* : « Les pensées sont vraiment des choses », « Toutes les réussites et toutes les richesses ont leur source dans une idée », « Quand vous commencerez à RÉFLÉCHIR ET À DEVENIR RICHE, vous constaterez que la richesse commence par un état d'esprit, par une détermination irréductible s'accompagnant de peu d'efforts ou de pas du tout» et «La réussite vient à ceux qui deviennent CONSCIENTS DE LA RÉUSSITE. L'échec frappe ceux qui, indifférents, se laissent devenir CONSCIENTS DE L'ÉCHEC.» (Les majuscules témoignent de la vanité de Hill; il y recourt fréquemment dans l'ouvrage.) Hill préconise l'action, pas le rêve paresseux. Il adorait les colloques et les «communautés pratiques», utiles selon lui à la résolution de problèmes. Quiconque a déjà participé dans une entreprise à une séance de remue-méninges peut remercier Napoleon Hill pour ce privilège. Il est évident que le livre de Hill a inspiré la majorité des ouvrages consacrés à la prospérité qui ont été publiés par la suite. Enfin, l'aphorisme le plus célèbre de Hill fait un peu penser au principe «demandez, croyez et recevez»: «Tout ce que l'esprit humain peut concevoir et croire, il peut l'accomplir grâce à une attitude mentale constructive.»

The Master Key System, que Charles Haanel publie en 1912, a sans doute davantage influencé Hill que ne l'a fait sa rencontre avec Andrew Carnegie. On dit que, vers 1920, Hill aurait écrit à Haanel une lettre élogieuse sur son œuvre et sur l'influence qu'elle aurait eue sur lui. Cela n'est pas impossible; Hill a certes pu être exposé à la littérature de la pensée nouvelle. *Réfléchissez et devenez riche* n'est pas tellement différent de *The Master Key System,* ni de *La Science de l'enrichissement* de Wallace Wattles, ni d'aucun autre des ouvrages de l'époque antérieure à celle de Hill. Ce dernier, toutefois, écrit mieux et est plus drôle que les autres; il est plus facile à lire que Wattles, qui, malgré sa concision (*La Science de l'enrichissement* tient de l'opuscule), affectionne un style ampoulé. Le fait que l'ouvrage de Hill ne soit pas formulé dans le jargon métaphysique de la pensée nouvelle le rendait sans doute plus acceptable aux lecteurs qui ne souhaitaient pas que les conseils financiers qu'ils recevaient soient teintés d'occultisme ou de religion (les mots «Dieu», «Être suprême» et «Bible» ne figurent pas dans l'index du livre). En outre, *Réfléchissez et devenez riche* a été publié juste au bon moment, à la fin de la grande crise, lorsque l'économie a commencé à rebondir, mais avant l'entrée en guerre des États-Unis : le peuple américain avait encore une fois repris espoir. Le livre a été accueilli par un public plus nombreux et plus enthousiaste que ne l'avaient été à leur époque les plus grands succès de librairie de la pensée nouvelle.

La fondation Napoleon Hill continue de répandre l'évangile de *Réfléchissez et devenez riche*. L'homme est mort en 1970, à l'âge de 87 ans, après avoir consacré la majeure partie de sa vie à promouvoir ses principes d'enrichissement et de réussite. Mais Napoleon Hill n'a pas connu que des réussites. Avant d'écrire son best-seller, il a perdu sa chemise (et il a dû renoncer à son projet de fonder la première université de la réussite au monde) à cause du krach de 1929. Pendant les années qui ont suivi, Hill a écrit des articles pour *Inspiration Magazine* et vendu son programme de «dynamite mentale». Il rédigeait et vendait *The Napoleon Hill Magazine*, dont il faisait constamment la promotion, notamment dans *The New York Times*. Le 4 décembre 1921, un petit placard publicitaire promettait au lecteur la «réussite dans toute entreprise» en échange du prix de l'abonnement.

Dans un article publié le 18 mai 1930 en première page, *The New York Times* rapportait que Hill faisait l'objet d'une ordonnance restrictive, de même que Lester Park et la Corianton Corporation. Les deux hommes vendaient des actions d'une entreprise mise sur pied pour orchestrer la promotion d'un film qui racontait une histoire d'amour et de meurtre se déroulant chez les premiers habitants de la colonie. Dans une lettre vantant l'expérience de Park en production cinématographique, Hill tentait de convaincre ses étudiants et clients d'investir dans la compagnie Corianton. Le sous-procureur général, Abraham Davis, estimait que les actions ne devraient pas être vendues au public, puisque Park n'avait jamais produit de film à succès, que le film n'était pas en cours de production et que les actions appartenaient personnellement à Park, et non à la Corianton Corporation.

Malgré ces revers mineurs, Hill a fini par publier *Réfléchissez et devenez riche* en 1937 et a recommencé à être prospère. C'est à peu près à cette époque qu'il a divorcé, quittant Florence pour épouser une version d'elle plus jeune et plus jolie, Rosa Lee Beeland. Celle-ci a rédigé son propre livre sur la manière d'attirer hommes et fortune, *How to Attract Men and Money*, de toute évidence sur la foi de sa propre expérience, puisqu'elle a quitté Hill peu de temps après en faisant main basse sur une bonne partie de son argent grâce à un règlement de divorce avantageux pour elle.

Hill s'est remarié et a continué de vendre ses ouvrages consacrés à la réussite. Ce faisant, il a reçu l'appui d'un autre riche homme d'affaires, William Clement Stone. En fait, Stone était si envoûté par Hill qu'il est devenu président du conseil d'administration de la fondation Napoleon Hill et l'est resté pendant plus de 40 ans.

Hill est la seule personne que l'on connaisse à avoir documenté sa rencontre avec Carnegie; nous devons donc nous fier à son seul compte rendu. Hill a judicieusement attendu longtemps après la mort de Carnegie avant de se servir de son nom relativement à ses propres affaires, ce qui compliquait la tâche à quiconque aurait voulu mettre en doute la rencontre. Est-ce si important? Il est peut-être suffisant de savoir que Hill a été inspiré par la vie et la réussite d'Andrew Carnegie, et qu'il témoigne ainsi des répercussions durables qu'a eues sur les ambitions et aspirations du peuple américain ce personnage tout droit sorti des romans d'Horatio Alger.

Disciple de l'homme qui réfléchit : William Clement Stone

Dans *Le Secret*, au début du chapitre intitulé *Le Secret et l'argent*, Byrne cite W. Clement Stone : « Tout ce que l'esprit peut concevoir et croire, il peut aussi le réaliser. » Vient ensuite l'histoire que raconte Jack Canfield, l'auteur du célèbre *Bouillon de poulet pour l'âme*, à propos de sa rencontre avec le millionnaire, rencontre qui aurait transformé toute sa vie. Il ne fait aucun doute que Stone croyait à la loi d'attraction. En plus d'avoir été un homme d'affaires astucieux (il a fait fortune grâce à des compagnies d'assurances), il a été un gourou de la réussite personnelle, qui avait foi dans l'attitude mentale constructive (AMC) et qui en a fait la promotion. Il a en fait mené une seconde carrière de conférencier en motivation et d'auteur, rédigeant avec Napoleon Hill un ouvrage intitulé *Le Succès par la pensée constructive*. Stone a également élaboré avec Hill une série de conférences sur l'AMC intitulée *PMA : Science of Success*, en plus d'écrire *The Success System That Never Fails* (1962), ainsi que *The Other Side of the Mind* (1964), ce dernier ouvrage ayant été rédigé en collaboration avec Norma Lee Browning.

Stone est un drôle de numéro. Né à Chicago le 4 mai 1902, mort le 3 septembre 2002, il vit jusqu'à l'âge de 100 ans. Personnage stéréotypé, c'est un homme minuscule, qui arbore une fine moustache et qui a une prédilection pour les nœuds papillon. Il déclare au reporter du *Washington Post*, Sarah Booth Conroy, en posséder 250 et estimer que ceux qui le portent sont des hommes «pleins d'entrain et de vigueur, dynamiques [...] qui font les meilleurs vendeurs et entrepreneurs». (Ça, c'est un secret!) L'article que publie le reporter le 26 janvier 1986 est en partie destiné à répondre à John T. Molloy, qui, dans sa chronique de conseils vestimentaires de *Success Magazine*, affirme que les gens ne font pas confiance aux porteurs de nœuds papillon. Ironie du sort, c'est Stone qui a fondé *Success Magazine*; mais il n'exerce pas de représailles contre Molloy après la publication de l'article. Le magnat des assurances est reconnu pour sa grande élégance – il adore les complets faits main, les gilets à motifs, les bretelles aux couleurs criardes et les souliers en alligator, et porte une montre en or dont les chiffres sont des diamants.

Stone est peut-être un homme petit, mais sa personnalité est démesurée. Chaque fois qu'il a l'impression que l'un de ses interlocuteurs est distrait, il s'écrie «bingo!» pour le ramener sur terre. Tous les matins, il se répète ce mantra: «Je suis heureux! Je suis en bonne santé! Je me sens extraordinairement bien!» La plupart du temps, en fait, les propos de Stone sont rythmés par les points d'exclamation. «On ne peut remporter quelque bataille que ce soit sans une bonne dose d'enthousiasme», confie-t-il à Forrest Wallace Cato au cours de sa dernière entrevue, laquelle ne sera publiée qu'en août 2006 dans *The Register*.

Les coups durs et revers que subit Stone sont à l'origine de ses principes de vie. Il n'a que trois ans lorsque meurt son père, joueur invétéré, laissant sa famille dans la pauvreté. À l'âge de 6 ans, Stone vend des journaux dans le quartier South Side de Chicago; à 13 ans, il est déjà propriétaire de son propre kiosque. Un article paru le 10 novembre 1963 dans *The New*

York Times raconte la suite des événements : il habite dans une famille de Chicago et fait toutes sortes de petits travaux, après que sa mère a confié ses bijoux à un prêteur sur gages et est partie pour Detroit, où elle achète une petite compagnie d'assurances. Il finit par la rejoindre à Detroit, où il l'aide dans ses visites de démarchage, qu'il trouve potentiellement rentables.

À 21 ans, en 1922, avec 100 $ dans ses poches, Stone fonde sa propre compagnie d'assurances, la Combined Registry Company, toujours selon le *Times*. À peine 8 ans plus tard, il dispose d'un bataillon d'un millier d'« agents mal formés », lacune qu'il cherchera à combler en se déplaçant dans tout le pays pour former une nouvelle équipe de 300 représentants qui placeront davantage de contrats d'assurance que le millier de vendeurs d'avant. En 1939, il transfère son affaire à la Combined Mutual, qui fusionne en 1947 avec la Combined Insurance Company of America, une société à capital-actions. La nouvelle société finit par fusionner avec le Ryan Insurance Group, en 1982 ; le groupe est rebaptisé Aon Corporation en 1987. Dans l'ouvrage qu'il écrit avec Napoleon Hill, Stone décrit sa manière préférée d'acquérir des entreprises, c'est-à-dire avec l'argent des autres. Il y incite ses lecteurs à faire de même : « Si vous n'avez pas d'argent, servez-vous de celui des autres ! » Bien entendu, il se sert aussi de l'attitude mentale constructive.

Comme Hill, Stone se montre pragmatique en ce qui concerne l'attitude mentale constructive et la loi d'attraction, et leur utilité dans l'enrichissement personnel. Il ne brouille pas les cartes avec des histoires de mécanique quantique, bien qu'il attribue la réussite à la main de Dieu et à sa propre débrouillardise. « Il vous faut maîtriser l'art d'exploiter le pouvoir du subconscient avec l'esprit conscient, en ce qui a trait à vos émotions, instincts, sentiments, tendances et humeurs, ainsi qu'à l'acquisition de bonnes habitudes et à la neutralisation ou à l'élimination des mauvaises», recommande-t-il à Forrest Wallace Cato. Ce qui distingue le point de vue de Stone sur le pouvoir de l'esprit de celui qui est mis de l'avant dans *Le Secret*, c'est qu'il insiste sur le fait que, pour qu'une pensée se matérialise, elle doit être suivie d'une action. Il ne suffit pas de nourrir des pensées positives, il faut passer à l'action. «Consacrer régulièrement du temps à l'étude, à la réflexion et à la planification, puis passer à l'action, explique-t-il à Cato, voilà qui fonctionne! Une fois que vous avez acquis la nécessaire expérience de faire ce qu'il faut et de le faire comme il faut, vous obtiendrez toujours les résultats escomptés. Et lorsque cela se produit, le travail procure beaucoup de plaisir.»

Stone a fait don d'une partie de sa fortune à des œuvres caritatives et philanthropiques (mais dans une proportion beaucoup moins élevée que l'a fait le magnat de l'acier Andrew Carnegie). Le 28 octobre 1970, Barbara Campbell, reporter du *Times*, a accompagné Stone durant une visite dans un centre de réadaptation en toxicomanie qu'il avait financé dans le Bronx. L'excursion comprenait un arrêt dans une piquerie et dans un immeuble vétuste, où vivait l'une des familles auxquelles le centre venait en aide. Il y a rencontré Angel Sanchez, 17 ans, seul fils de la famille à n'avoir jamais touché aux drogues et qui travaillait à temps partiel dans un bureau de poste. Angel espérait finir l'école secondaire et poursuivre ses études dans un collège, ce qui a plu à Stone, qui lui a promis de lui envoyer quelques ouvrages sur la pensée constructive dès son retour à Chicago.

Stone a également été l'une des figures importantes de l'enquête qui a été menée aux États-Unis sur le financement des campagnes électorales : il a déboursé des millions de dollars pour financer celles de Richard M. Nixon. Les deux millions de dollars qu'il a donnés pour la campagne de réélection de Nixon en 1972, ainsi que ses contributions aux campagnes antérieures de ce dernier et à celles des républicains en général, ont été invoqués au cours des débats au Congrès américain qui ont suivi le Watergate comme l'une des raisons justifiant l'imposition de limites aux dépenses électorales. En outre, Stone a fait l'objet d'une enquête du fisc en 1974 relativement à des taxes fédérales sur les cadeaux. Il disait admirer Nixon pour sa détermination et pour avoir surmonté ses défaites comme candidat à la présidence en 1960 et candidat au poste de gouverneur de Californie en 1962. Stone était à ce point positif que même le scandale du Watergate n'arrivait pas à émousser sa confiance dans l'attitude mentale constructive. Il estimait que ce scandale était une bonne chose, parce qu'il avait donné aux procureurs généraux le pouvoir de porter des accusations contre les élus pour leurs agissements répréhensibles, alors que, avant Watergate, on tirait le rideau sur genre de méfaits.

Henry Ford et la roue de fortune

Byrne écrit que Henry Ford connaissait le Secret ainsi que la loi de l'univers; selon le site Web du *Secret,* il les aurait tenus d'Andrew Carnegie. Voilà qui paraît étrange, puisque selon les biographes spécialistes de Ford, cet homme savait à peine lire et écrire, avait des manières provinciales, se désintéressait naïvement du monde moderne et était un ardent antisémite adoré par Hitler. Avec l'aide de rédacteurs professionnels, Ford a composé une série d'essais tristement célèbres sur le «problème juif», essais aujourd'hui rassemblés dans un livre. Ils continuent d'être appréciés par les membres de l'extrême droite et de la gauche radicale, alimentant la tendance de ces deux groupes à rejeter la faute de tous les maux du monde sur les Juifs ou sur Israël.

Henry Ford – aîné d'une fratrie de six – naît le 30 juillet 1863. Ses parents, William et Mary Ford, habitent ce qui depuis est devenu Dearborn, au Michigan. Les Ford exploitent une ferme prospère, et Henry connaît une enfance typique du monde rural du XIXe siècle, se levant tôt pour participer aux tâches, et fréquentant avec ses frères et sœurs la petite école à salle de classe unique. Cependant, il n'aime pas particulièrement la vie à la ferme ni les travaux qu'elle comporte. Il s'intéresse davantage au travail en mécanique, dans lequel il excelle. «Ford était un fils de fermier qui détestait le travail agricole, mais qui souhaitait que tous ses employés soient fermiers à temps partiel. Ses racines étaient solidement plantées dans l'Amérique rurale, même s'il a personnellement contribué à l'ampleur qu'ont prise Detroit et d'autres villes industrielles», explique Howard P. Segal, professeur d'histoire à l'Université du Maine et auteur de *Recasting the Machine Age : Henry Ford's Village Industries* (2005).

Ford quitte la ferme en 1879 pour aller travailler à Detroit comme apprenti mécanicien. Il n'a que 16 ans. Au bout de trois ans, il retourne à Dearborn, où il est opérateur et mécanicien de machines à vapeur. Il aide son père à remettre en état son matériel agricole, en essayant d'éviter les tâches de fermier qu'il déteste. Après avoir épousé Clara Bryant, en 1888, Ford dirige une scierie. Mais il entend l'appel de l'industrie et, en 1891, devient ingénieur à la Edison Illuminating Company. «Son génie résidait dans la compréhension des problèmes mécaniques et des solutions possibles, dit Segal, ainsi que dans le recrutement de personnes capables de mettre en pratique ses idées.»

Ford est tellement doué qu'il est nommé ingénieur en chef deux ans plus tard; il gagne désormais assez pour être en mesure d'exécuter pour son propre compte des expériences avec des moteurs à combustion interne. En 1896, il crée un véhicule automobile à quatre roues appelé quadricycle. Il va par la suite s'intéresser à la voiture automobile. Après deux tentatives infructueuses, il parvient à fonder une manufacture d'automobiles en 1903. « Ford était certainement tenace, et optimiste quant aux perspectives d'avenir de la construction d'automobiles pour les gens ordinaires. Seul Ransom Olds (d'Oldsmobile) nourrissait des rêves analogues. Tous les autres constructeurs américains de l'époque ne ciblaient que les acheteurs fortunés », écrit Segal dans un courriel d'avril 2007. Ford construit dès 1908 une voiture à prix raisonnable, le Modèle T – facile à conduire, abordable et omniprésent : en 1918, la moitié de toutes les automobiles qui roulent aux États-Unis sont des Modèles T.

Afin de répondre à la demande, Ford fait construire en 1910 d'immenses chaînes de montage à Highland Park, au Michigan. Chaque ouvrier occupe une place unique dans la chaîne et n'ajoute qu'un seul élément à la carcasse métallique qui passe devant lui. On construit aujourd'hui les automobiles à peu près de la même manière. L'invention de la chaîne de montage a révolutionné la production d'automobiles en réduisant le temps nécessaire à la construction ainsi que son coût. Puisqu'elle fabrique des voitures moins chères, la Ford Motor Company devient le plus grand constructeur automobile du monde, et elle le restera longtemps.

D'après Howard Segal, Ford « n'était pas assez instruit pour avoir considéré avec attention le Secret, et encore moins pour l'avoir appliqué ». Segal ajoute : « Rien ne laisse croire le contraire. C'était un mécanicien qui savait à peine lire et écrire, mais qui était doué pour la mécanique et la fabrication.» Ford gagne suffisamment d'argent pour donner libre cours à ses expériences de chaîne de montage, et c'est cela qui nous renseigne sur son psychisme.

Ford, pacifique, est célèbre pour avoir affrété un paquebot pour la paix, le *Peace Ship*, dans l'espoir de mettre fin à la Première Guerre mondiale. L'échec de cette initiative fait la manchette, et Ford est ridiculisé. «L'histoire du *Peace Ship* témoigne de la foi naïve de son affréteur en sa capacité de prévenir ou d'arrêter la guerre. Andrew Carnegie manifestait les mêmes inclinations, comme beaucoup d'autres éminents Américains anti-impérialistes. Mais Ford était davantage perçu comme un excentrique que comme un champion de la paix sérieux», dit Segal. Ford déclare à un reporter du *Times*, qui publie la nouvelle le 28 novembre 1915, que son plan concernant un paquebot pour la paix prévoit l'envoi de radiogrammes de paix aux hommes qui se battent dans les tranchées : «[...] même si nous ne pensons pas que quelqu'un voudra les intercepter, nous les envoyons avec foi – une foi si solide que nous croyons qu'ils se rendront à destination. Les deux traits qui seront entendus seront ceux de la foi et de la pression morale.» Le 1er décembre 1915, le *Times* rapporte que La Haye tenterait de faire taire le paquebot si Ford s'aventurait à intervenir dans le déroulement de la guerre : «Dans les milieux officiels néerlandais, la proposition de Henry Ford de provoquer une grève dans les tranchées est considérée comme trop absurde pour mériter quelque attention sérieuse. Il est fait remarquer que quiconque tenterait de fomenter le mécontentement parmi les soldats de n'importe lequel des belligérants serait inévitablement arrêté et jugé devant une cour martiale pour incitation à la mutinerie.»

Quelque chose se passe sur le premier paquebot – il circule des rumeurs, toutes niées par Ford, de dissentiment entre les passagers et de maladie aussi. Selon le *Times* du 14 décembre 1915, le mal de mer aurait frappé de nombreux passagers. Le 20 du même mois, on y lit que les dépêches envoyées aux journaux de Londres par les reporters qui participent au voyage font état de «querelles passionnées» à bord du navire. Ford tente même de débarrasser le paquebot de tous les journalistes afin que la dissension ne soit pas rendue publique. Bref, le paquebot pour la paix est un fiasco sur le plan des relations publiques comme sur le plan pratique. Le *Times* du 3 janvier 1916 rapporte que Ford rentre seul à Brooklyn après le nouvel an, sur un autre paquebot que le *Peace Ship*: «Il a évité les reporters lorsque le paquebot a accosté [...] mais ils l'ont retrouvé trois heures plus tard au *Waldorf*.» Cet après-midi-là, il consent à une entrevue: il déclare au reporter qu'il est faux que l'expédition de paix soit en danger à cause d'une quelconque dissension entre les pèlerins, comme le voudrait la rumeur.

Le 7 février 1916, Ford annonce un projet d'affrètement d'un autre navire, dans une seconde tentative pour mettre fin à la guerre. Capable de financer à l'infini de telles expéditions et d'attirer sur elles l'attention des médias, Ford applique à peu près la même méthode que les activistes d'aujourd'hui. Il est difficile de stopper un fanatique millionnaire – pourtant, le plan de Ford échouera.

Selon Segal, si Ford avait cru à la loi d'attraction, il n'aurait probablement pas diffusé la propagande antisémite qui a par la suite été republiée par Adolf Hitler, peut-être parce qu'il aurait prévu que ces pensées négatives seraient revenues vers lui comme autant de boomerangs. «Il n'aimait pas les Juifs parce qu'il les considérait comme bellicistes, manipulateurs et étrangers», écrit Neil Baldwin dans sa biographie *Henry Ford and the Jews: The Mass Production of Hate* (2001). Ford était un pacifiste qui blâmait les banquiers juifs d'Allemagne d'avoir causé la Première Guerre mondiale. Dans les années 1920, il publie le *The Dearborn Independent*, qui présente des articles sur le «problème» juif. Ces articles sont aujourd'hui rassemblés dans un livre intitulé *The International Jew: The World's Problem*. En 1938, il devient le premier récipiendaire américain d'un prix nazi décerné à des non-Allemands. (La famille Ford a depuis mis un terme à ce sombre legs en désavouant les croyances de Henry Ford et en accordant son appui à Israël et à de nombreuses œuvres caritatives juives.)

Ford accusait aussi les Juifs d'avoir causé l'urbanisation des États-Unis – phénomène auquel il a lui-même largement contribué. Il voyait l'urbanisation comme quelque chose de négatif, même s'il détestait depuis toujours l'agriculture et la vie rurale. «Il a tenté de freiner l'urbanisation en installant des usines dans 19 petites collectivités situées dans un rayon d'une centaine de kilomètres de Dearborn, mais ces villages industriels, même s'ils constituaient des milieux de travail relativement agréables comparativement aux gigantesques complexes industriels de Ford, ne pouvaient renverser la tendance, dit Segal. Ford n'a jamais compris la vie urbaine du XXe siècle. Il s'est toujours réfugié dans l'atmosphère – petite école à salle unique, chants et danses de l'époque coloniale – qui régnait dans sa collectivité pseudo-historique de Greenfield Village, située près de Dearborn, son lieu de naissance et le siège mondial de la société Ford.»

Segal ajoute que, si Ford avait connu et mis en pratique le Secret, «il ne se serait pas non plus aliéné ses ouvriers, qui naguère l'adoraient, ni la population en général, en qualifiant la grande crise d'événement purifiant positif». Segal ajoute: «[...] dans la quarantaine, Ford a commencé à laisser partir les directeurs, ingénieurs et publicistes brillants qui avaient fait de lui un homme riche, puissant et influent; il a alors amorcé un lent déclin, jusqu'à sa mort en 1947. Il avait de nombreux amis, certes, mais il a commencé à se faire de plus en plus d'ennemis.»

Si on peut dire d'une personne qu'elle croit en la loi d'attraction et la met en application en invoquant comme seul critère qu'elle connaît la réussite en affaires pendant une partie de sa vie active, bien sûr on pourrait le dire de Ford, de Carnegie aussi et certainement de Stone, qui croyait de tout son cœur à l'attitude mentale constructive. Mais on ne peut limiter la vie d'un homme à sa réussite en affaires. Stone était un homme heureux, qui a été marié à la même femme pendant près de 80 ans. Carnegie aussi était quelqu'un d'heureux, mais Ford un peu moins. Il se peut même que ce dernier n'ait pas été tout à fait sain d'esprit.

Ces hommes donnent un bel exemple de travail, d'ingéniosité et de passion, qu'ils aient ou non recouru à la pensée positive pour atteindre la réussite. Ce qu'il y a d'intéressant à propos de ces «plus grands professeurs du passé», c'est la manière dont ils se comparent sur le plan professionnel aux «merveilleux professeurs» du présent. Ceux d'hier étaient inventeurs, savants, hommes d'État, constructeurs ou artistes, et transmettaient leur savoir par l'exemple. Par contre, la plupart de ceux d'aujourd'hui enseignent la loi d'attraction au cours d'ateliers et de conférences.

Conclusion

Quelle sorte de société formons-nous ?

O ubliez le superbe emballage, le marketing génial, les affirmations scientifiques et la théorie psychologique – en fin de compte, *Le Secret* porte sur la recherche du bonheur. Depuis la nuit des temps, partout sur la planète, l'être humain aspire au bonheur. Cette recherche n'est pas propre aux États-Unis (même si, chez les Yankees, elle présente certaines particularités). Et, après tout, l'atteinte du bonheur est un objectif louable, dont il ne faut pas avoir honte.

À cet égard, l'approche du *Secret* s'adresse carrément à la classe moyenne, voire à ceux d'entre nous qui vivent déjà dans l'aisance, mais qui croient qu'ils devraient être encore plus heureux qu'ils ne le sont à présent et qui sont convaincus qu'ils seront satisfaits s'ils mettent enfin la main sur tous les signes extérieurs du succès : beaucoup d'argent, une immense maison, une voiture de luxe, une garde-robe griffée… et pourquoi pas une carrière distinguée, la gloire et une histoire d'amour digne d'un conte de fées. Voilà des choses qui semblent nous rendre heureux, du moins nous procurer un plaisir passager, et c'est ce qui explique que nous leur accordions tant de valeur. La théorie selon laquelle quelqu'un peut accumuler tout cela simplement en y pensant intensément est séduisante dans un monde où beaucoup d'entre nous conduisent leur voiture, envoient des messages textuels, lisent le journal, prennent leur petit déjeuner et écoutent leur musique préférée – simultanément. Nous sommes constamment affairés. Qui a le temps de rechercher le bonheur ? Ce serait tellement plus commode s'il nous tombait dessus par magie pendant que nous rêvons.

Bien entendu, ce n'est pas ainsi que ça se passe, et pour deux raisons. Premièrement, nombreux sont ceux qui seront déçus dans leurs espoirs, car la loi d'attraction ne sera pas efficace pour tout le monde ; même si un individu nourrit des pensées positives, il se peut qu'il n'obtienne pas l'objet ou le résultat souhaité. Deuxièmement, obtenir quelque chose en échange de rien n'est pas particulièrement satisfaisant à long terme. Un ami à moi de très longue date, un avocat qui a consacré sa carrière à la défense des personnes handicapées, se plaisait à répéter : «Bien sûr, je peux vous donner des conseils juridiques pour rien. Mais n'oubliez pas qu'ils valent exactement ce que vous les avez payés : rien.» Un cadeau reçu d'un ami ou d'un parent peut avoir des propriétés talismaniques en raison des sentiments qui animent celui qui donne le présent, et non pas en raison de l'objet lui-même. Une pièce de monnaie trouvée dans la rue est censée porter chance. L'argent gagné en échange d'un travail bien fait vaut davantage que sa valeur nominale. Si vous obtenez quelque chose sans travailler pour le mériter, l'apprécierez-vous vraiment ?

La clé se trouve peut-être dans la différence qu'il y a entre courir après le bonheur et vivre ce bonheur. C'est là un thème qui apparaît en filigrane dans le présent ouvrage et qu'ont mis de l'avant bon nombre des experts cités. Travailler à être heureux est moins efficace que de travailler à quelque chose que vous aimez, qui vous stimule et qui vous procure une profonde satisfaction. Faire ce que vous aimez ne vous apportera peut-être pas d'énormes gains pécuniaires, mais vous apportera un sentiment de contentement sur les plans spirituel et créatif qui vaudra davantage, du moins autant, que la déception et la tristesse d'être ignoré ou condamné par des critiques ou des collègues (parlez-en à un artiste, musicien ou écrivain dont l'œuvre s'adresse à un public qui ne suit pas le courant dominant, il vous le confirmera). Trouver pourquoi vous voulez vous lever le matin et à quoi vous souhaitez consacrer votre journée, puis le faire, est beaucoup plus difficile et effrayant que de s'aligner sur le pouvoir de l'univers et de lire une affirmation quotidienne. Ressasser continuellement ce que l'on veut obtenir peut finir par nous paralyser et par nous plonger dans la détresse.

« Vous ne pouvez pas trouver le bonheur en le recherchant de manière active, écrit Mihaly Csikszentmihalyi dans *Flow: The Psychology of Optimal Experience* (1990). C'est en vous engageant à fond dans chaque détail de votre vie, bon ou mauvais, que vous trouverez le bonheur. » Il ajoute que l'on peut réaliser cela en maîtrisant le contenu de sa conscience, *ce qui n'est pas la même chose que la pensée positive.* « Les plus beaux moments, écrit-il dans son livre, ont généralement lieu lorsque le corps ou l'esprit de la personne est délibérément sollicité au maximum de ses limites, en vue d'accomplir quelque chose de difficile et de valable [...] Ces expériences ne sont pas nécessairement agréables au moment où elles sont vécues. »

Alors, déposez votre cellulaire, débranchez votre iPod, éteignez la télévision, déchirez vos fiches d'affirmation et commencez à vivre.

Comme l'a dit Franklin Delano Roosevelt dans son premier discours inaugural : « Le bonheur ne se trouve pas dans l'argent, mais dans la joie de l'accomplissement, dans le plaisir de l'effort de création. »

Lectures complémentaires

La liste suivante n'est pas exhaustive. Si vous constatez que votre ouvrage favori sur le bouddhisme ou sur Beethoven n'y figure pas, que cette absence ne vous offense pas. J'ai dressé cette liste en suivant l'avis d'experts et mes propres découvertes, pour qu'elle vous serve de point de départ dans vos propres recherches sur bon nombre des sujets abordés dans le présent ouvrage. Dans la mesure du possible, j'ai choisi des éditions qui sont faciles à trouver aujourd'hui. La plupart sont encore en vente. Vous pouvez vous procurer les ouvrages épuisés sur des sites Web spécialisés (AbeBooks.com, Alibris. com, Amazon.com, BN.com ou Powells.com). Les études mentionnées sont conservées dans les archives des revues spécialisées dans lesquelles elles ont été publiées.

CHURCHILL, Winston. *Mes aventures de jeunesse*, Paris, Payot, 1937.

CSIKSZENTMIHALYI, Mihaly. *Vivre : La psychologie du bonheur*, Paris, Pocket, 2005.

EINSTEIN, Albert. *La théorie de la relativité restreinte et générale*, Paris, Dunod, 1999.

FEYNMAN, Richard P., Robert B. Leighton, et Matthew Sands. *Le cours de physique de Feynman*, Dunod, 1979.

_____. *Vous voulez rire, M. Feynman !*, Paris, Odile Jacob, 2000.

FORD, Henry. *Le Juif international*, Châtel-Saint-Denis, Association Vérité & Justice, 2001.

HAANEL, Charles. *La clé de la maîtrise*, Loretteville, Le Dauphin Blanc, 2007.

HAWKING, Stephen. *Et Dieu créa les nombres*, Paris, Dunod, 2006.

_____. *L'univers dans une coquille de noix*, Paris, Odile Jacob, 2001.

_____. *Une brève histoire du temps*, Paris, Flammarion, 1989.

HILL, Napoleon. *Réfléchissez et devenez riche*, Montréal, Éditions de l'Homme, 1996, 2007.

HUXLEY, Aldous. *Le meilleur des mondes*, Paris, Pocket, 2002.

JAMES, William. *La volonté de croire*, Paris, Les Empêcheurs de penser en rond, 2005.

_____. *Les formes multiples de l'expérience religieuse*, Paris, Exergue, 2001.

LANGER, Ellen J. *L'esprit en éveil*, Paris, InterÉditions, 1990.

LEWIS, C. S. *Être ou ne pas être : le christianisme est-il facile ou difficile?*, Lonay, Délachaux et Niestlé, 1968.

PEALE, Norman Vincent. *La puissance de la pensée positive*, Montréal, Le Jour, éditeur, 1990; Éditions de l'Homme, 2006.

PENROSE, Roger. *Les ombres de l'esprit*, Paris, Dunod, 1997.

_____. *L'esprit, l'ordinateur et les lois de la physique*, Paris, InterÉditions, 1992.

————, Stephen Hawking, et al., *Les deux infinis et l'esprit humain*, Paris, Flammarion, 1999.

SCHOENBAUM, S. *William Shakespeare*, Paris, Flammarion, 1998.

SELIGMAN, M. E. P. *Apprendre l'optimisme*, Paris, InterÉditions, 1994.

SOLOMON, Maynard. *Beethoven*, Paris, JC Lattès, 1985.

WATTLES, Wallace. *La science de l'enrichissement*, Loretteville, Le Dauphin Blanc, 2006.

Remerciements

La rédaction de cet ouvrage a été pour moi un voyage extraordinairement éclairant, et beaucoup m'ont aidée en chemin.
De nombreux universitaires, savants, psychologues,
médecins, philosophes, réalisateurs, théologiens, écrivains
et journalistes – authentiquement compétents – m'ont très
gracieusement et avec bonne humeur offert leur temps et leurs
opinions, et m'ont aidée à mieux comprendre leurs disciplines
respectives. Ces âmes généreuses méritent une mention spéciale (en ordre alphabétique) :

Virgil E. Barnes, Ph. D., Université Purdue
Sharon Begley, *Newsweek*
J. Douglas Bremner, Ph. D., Université Emory
Howard Brody, M.D., Institut des humanités médicales,
    faculté de médecine de l'Université du Texas
Alice Calaprice
Betsy Chasse
Rabbi Geoffrey Dennis, congrégation Kol Ami, Flower
    Mound, Texas
John Demartini
Norman Doidge, M.D., Université de Toronto et
    Université Columbia

David Felten, M.D., Ph. D., Institut de rècherche
   Beaumont
Arielle Ford, Ford Sisters et Spiritual Cinema Circle
John Gray
Robert Griffiths, Ph. D., Université Carnegie Mellon
Henry Jenkins, Ph. D., Massachusetts Institute of
   Technology
Ben Johnson, M.D.
Gail Jones
John Kremer
Ellen Langer, Ph. D., Université Harvard
Robert L. Leahy, Ph. D., Collège médical Weill,
   Université Cornell
Joel Myerson, Ph. D., Université de Caroline du Sud
David Nasaw, Ph. D., Université de la ville de New York
Sara Nelson, *Publishers Weekly*
Dennis Overbye, *The New York Times*
Kristine Pidkameny, One Spirit Book Club
Camille Ricketts, *The Wall Street Journal*
Allen Salkin, *The New York Times*
Connie Sayre, Market Partners International
Richard Seager, Ph. D., Hamilton College
Howard Segal, Ph. D., Université du Maine
Darren Sherkat, Ph. D., Université Southern Illinois de
   Carbondale
Laura Smith, Lime Radio
Alan Sokal, Ph. D., Université de New York
Lee Spector, Ph. D., Hampshire College
Phillips Stevens, Jr., Université d'État de New York à
   Buffalo
John Suler, Ph. D., Université Rider
Pasteur Oliver «Buzz» Thomas

Jean Twenge, Ph. D., Université d'État de San Diego
Priscilla Wald, Ph. D., Université Duke
Clifford M. Will, Ph. D., Université Washington
Fred Alan Wolf

J'adresse un remerciement spécial à Susan Kelly, Ph. D. – ma merveilleuse sœur –, médiéviste et professeur auxiliaire de journalisme littéraire au Hampshire College, pour son aide précieuse dans l'accès aux archives et la recherche sur les personnages historiques, ainsi que pour ses opinions sur le théâtre de Shakespeare et sur la philosophie élisabéthaine. Un grand merci à Randy Sandke, musicien et historien de la musique – mon bien-aimé mari –, pour m'avoir laissé consulter son imposante bibliothèque sur Beethoven et pour m'avoir communiqué des renseignements importants sur la vie, l'œuvre et la pensée de ce compositeur; merci à lui aussi pour ses observations sur Thomas Edison et sur les débuts de l'industrie du disque (et pour m'avoir fait jouer des disques d'Edison sur des gramophones d'Edison). Je remercie John Belton, professeur d'anglais et de cinématographie à l'Université Rutgers, conseiller, spécialiste du cinéma et ami, pour m'avoir fait part de son point de vue sur la théorie cinématographique et sur la culture américaine.

Il y a autour de moi un groupe de fidèles parents, amis et collègues qui m'offrent sans compter leur inspiration, leur soutien moral et leur entrain, ce qui compte beaucoup pour un auteur qui se lance dans un projet d'écriture. Ils sont le «secret» de mon succès: mes chers parents, William et Constance Kelly; ma sœur, Nancy Kelly, et mon frère, William Kelly; Claudia Cross, de Sterling Lord Literistic; Charles Winecoff, Mary Bolster, Bonnie Bauman, C. Claiborne Ray, Mauro DiPreta, Janis Spindel, Marta Tracy, Terence

Noonan et toutes mes consœurs de la section R de P.E.O. de New York.

Enfin, un dernier merci à mes compagnons de tous les instants, Puff Daddy et Julius. Miaou à vous!

Table des matières

Achevé d'imprimer au Canada
sur les presses de Quebecor World, Saint-Romuald

100%